生命，
因家庭而大好！

我的孩子不需要迎合世界的標準

윤주선
尹珠善——著
王品涵——譯

改變父母的視線高度，
建立正向親子關係，
啟動青春期孩子無限潛能

엄마의 눈높이 연습

各界推薦

以色列人看過韓國的教育情況後，對此感到相當驚訝，並說出這番話：「光是要培養神賜予的能力都忙不過來了，很難理解為什麼還要浪費金錢和時間培養神未曾賜予的能力，甚而緊抓著孩子要他們做些不幸福的事呢？」每天站在最前線目睹這個現實的作者，揭示了找出孩子正確目標的教育之路。本書收錄如何找出孩子的優點，並引領他們發揮得更好的方法。對徬徨迷路的父母來說，將會是一本導航。

——李柳南（《媽媽的悔過書》作者）

她是始終如一地陪伴孩子經歷各種痛苦的人、放低視線高度與孩子對視的人。讀完這本書，憶及作者帶領孩子成長的熱情，內心忽然有些激動。身兼老師與輔導師身分的尹珠善，擁有與孩子們直接交談的多樣、豐富實例，讓讀者更能從中熟悉生動的對話方法。不僅是幫助孩子，也是能強力協助父母成長的書。

——權英愛（《培養自尊與效能的美德教育計畫》作者）

由身為兩個孩子的母親，兼現任高中老師的作者所寫的這本書，讓人重新思考父母在子女成長過程的角色與責任。書中告訴我們，找出青少年潛在可能性與培養走向未來的智慧、勇氣，需要的不是蒐集情報的優秀能力與完美計畫，而是父母百分百的同理與關懷。透過這本書，讀者得以發現孩子的無限潛力，並學會為人父母的實踐方法與智慧。

——徐政奇（Edupeace 負責人）

陪伴目前高一的老大期間，一次次失敗的嘗試早已成了日常。始終因自己的教師身分而自信能與眾不同的我，在真正教養孩子後，才知道其中的困難絕對不容小覷。尤其是當一心認為身為父母的自己應該出手協助，卻一再搞砸自己與孩子間的關係時，實在鬱悶至極。正當苦思無解之際，遇見這本書，才彷彿見到了一絲曙光。因為無法幫助面臨親子問題的父母，而一直深感抱歉的我，終於隨著這本能真正有所助益的書籍出版後，感覺心情豁然開朗。推薦給希望能不和孩子爭執、不傷害孩子，並且與他們維持良好關係的父母與老師。

——**金永植（優良教師運動中心共同負責人）**

藉由這本書，作者導引了讓父母、教師與孩子累積信任的溝通方法。教育孩子成為身心皆健康的人，對社會來說絕對是件相當重要的事，而這本書便教會了我們該怎麼做才正確。本書完整收錄許多建言，獻給為子女問題深陷苦惱的父母。

——**金智泰（花水高中校長、心理諮商師）**

如果想成為遭遇任何危機或難關都不會動搖的父母，一定要閱讀這本書。洞察兒童心理學的書中故事，以在學校與家庭實際面臨的各種實際案例為基底，寫成「客製化」的建議，有助於父母在置身類似情況時，適時適地活用。作者透過極大化孩子的優勢與機會因素的策略，闡釋父母真正該扮演的角色，以及如何讓我們的教育變得更好。對於為了讓孩子能幸福成長而傾注全力的每一位而言，絕對是本實用的說明書。

——朱美蘭（花水高中教務主任）

對於很想幫助子女端正成長，卻躊躇著不知道該從何開始的父母來說，這本書想必就是最好的路標。儘管所有父母都希望子女可以積極地改變、成長，但這實在是太過困難的事，最終甚至只會感覺與子女漸行漸遠。作者透過足以讓所有人都產生共鳴的多樣故事，以相當簡單、具體的方式說明，並搭配能讓父母立刻實踐的具體行動指南。

——李志雄（The Bible Ministry 負責人）

身為現職教師兼教育顧問的作者所寫的這本書，勢必能為教養十多歲子女的父母帶來實質的幫助。只要父母願意稍微改變想法，便能一定程度地將孩子的缺點視作優點，書中內容著實令人感覺充滿希望。因為這是只要為人父母者，就一定做得到的教育方法。

——金慶燮（《與成功有約》譯者、國際輔導者顧問聯盟 ICFF 會長）

七年前初次見面時，因為一邊教養兩個兒子，一邊上班而看起來身心俱疲的作者，將自己沒有選擇放棄，並在不斷鑽研子女教育、鍛鍊自我心智的過程中獲得的智慧，完整融入本書。本書收錄孩子感覺辛苦的原因，以及父母該如何幫助孩子、發現孩子的潛力並協助實現夢想的原理，並搭配實際案例詳細說明。

——金溫陽（Aha Coaching Center 負責人）

所有父母都希望孩子能過得幸福。可是，父母立意良善的出發點，卻往往在現實生活中變成與孩子間的矛盾與強迫。「『我的』小孩」這件事，讓父母很難客觀看待自己與子女間的關係。作者溫柔地建議慌張的父母暫時放下焦躁的心，並透過自身經歷為不少老師與父母提示何謂正確的方向。如果我們的孩子能擁有這種老師指導，確實令人安心，也一定能變得幸福。

——權宗鉉（非營利社團法人亞洲領導力小組理事）

序

配合孩子的速度，與孩子的視線高度

與孩子們相遇的過程中，我領悟了一件事——以愛孩子們的心去教導他們、為他們辛苦，不代表投入多少努力就會得到多少效果。即使孩子們可能會在遇到我之後產生變化，但很多時候仍會感覺自己的努力與辛苦根本毫無用處。或許，不少父母也有相同的感受——教養孩子，確實是很難的事。

偶爾像這樣覺得自己的努力一點用也沒有時，我從中找到了一個解決方法。父母與老師就像農夫，只要下定決心，終會得到慰藉。為了好好教養孩子，我們就該像農夫一樣流血流汗。

在中國，有種名為「毛竹」的竹子。這種植物的成長過程相當神奇，在農夫播種後的五年左右，只會長出極小的嫩芽。期間，細嫩的新芽會每天吸收土壤裡的養分與水分。然而，只要經過這段堅忍的時間，毛竹便會迅速成長。光是九十天內，就能長到將近三十公尺高。由纖維組成的竹子根部，會於起初的五年不停歇地延伸至土壤深處。因此竹子不是沒有成長，而是牢牢扎根在土裡。其實，其他植物也是如此。播種後，開始灌溉的時候，總想著「到底什麼時候才會長大？」一轉眼，才發現植物已在不知不覺間以驚人的速度長大了。

農夫僅是依循大自然的規律耕種，挑選適合種子與土壤類型的養分、供給水分、拔除妨礙成長的雜草，然後從旁守護直至冒出嫩芽。萬一發不出芽，便開始尋找解決方法，絕不放棄。

我們也該像農夫一樣，在孩子的心中種下愛、感激、寬恕、耐性、堅毅的種子，傾注關懷與真誠，從旁守護，並且不責備、不與他人比較、跟隨著孩子的視線移動。即使不會即刻出現什麼變化，也應該秉持信念耐心等待。等到適當的時機，自然就會冒出嫩芽，結成果實。

每個孩子的成長速度都不一樣。地球上更沒有任何一種存在是一模一樣的。讓我們試著靜靜等待孩子能揮灑自己色彩的那一天。假如因為時機未到、沒有迅速成長便選擇放棄，不願再澆水、除草的話，最後是不可能發芽的。以焦急的心不斷責備、嘮叨，對剛冒出新芽的孩子來說，無異於是邊嚷嚷著「為什麼只長這麼少？」、邊用雙腳踩踏的行為。

當父母拿著嚴格的規矩與標準、「必須和別人一樣」的觀念去看待孩子的瞬間，便已讓孩子無法隨心散發與生俱來的性格與魅力。對著孩子說：「你為什麼不能像隔壁的〇〇〇一樣？」就像是看著紅蘋果說：「你為什麼是紅色？如果你是綠色就好了……」

即使孩子不能如父母所希望的成長，即使偶爾會出現反抗的態度，我們也該接受「這是成長過程的一部分」。只因孩子終究會長成父母所相信的模樣。這樣的想法，讓身為母親、身為老師的我，心情豁然開朗不少。

抱持著這個想法，配合著孩子的視線高度，我開始提筆寫下必須為孩子的心注入力量的這本書。我希望當父母配合著孩子的視線高度時，能更理解孩子眼中的世界，甚至更正面地看待孩子的缺點。雖然大多數的父母都把孩子的缺點看得比優點更大，並且費心地想要修正，但事實上孩子的缺點不是單憑父母的力量就能改掉。刻意修正的過程，反而只會得到反效果。

因此，當孩子的缺點看在眼中顯得很大時，務必記得一點：缺點與優點是相伴而生，缺點可能是另一種形式的機會。如果孩子是靜不下來的個性，可能就是活潑外向型；如果孩子數學不好，或許擅長的是國文。

此外，本書穿插收錄「專為媽媽設計的視線高度練習TIP」。這是我希望能對各位與孩子的對話有所幫助，而整理出來的內容。只要花十五分鐘就能做到的練習，希望各位能在每天晚上讀完TIP後實際與孩子對話，或邊寫寫練習題，邊訓練自己。隨著一點一滴累積的訓練，無論是父母或孩子，都會開始變得不同。不要認為是突如其來的行動，也不要覺得難為情，請務必試一試。

子女教育說來簡單，真的站在孩子面前時，往往又只會剩下大聲咆哮。因此，為了讓所有父母都能輕易理解並實踐，本書也收錄了日常生活真實經歷過的案例；為了培養孩子內心的力量，也為了讓全家人一起成長，我整理了所有關於視線高度練習的準備、對話方式、閱讀方式等。光是大人們肯以真心、愛孩子的心一起與他們聊一聊，都能讓我們的孩子靠自己找到答案，進而成長。只要有一個人願意對孩子的存在表現出珍而重之的態度，真心為孩子加油打氣，這個孩子就能好好地成長。當然也希望讀過這本書的各位，也能成為自己與家人、朋友的那一個人。

在此，特別感謝將出書視作自己的事一樣開心、並允許我收錄他們故事的學生們。從過去到未來，我始終抱持感激的心與每一位我愛的學生們相遇。

真心感謝陪伴我學習心靈成長並給予指導的金溫陽代表、深入指導領導力的國際輔導者聯盟的金慶燮會長、韓國輔導者中心的金英順博士、從一般教師時期便全力負責處理領導力與輔導者能力研習的李佑南校長、為拯救教師與學生及其父母而不吝散播愛的能量的權英愛老師，還有正在各個教育場所播下愛心種子的無數教師們。

另外，也向我最愛的媽媽、在天國的爸爸、世上獨一無二的可愛妹妹，以及時刻用愛為我禱告的公婆、終生夥伴兼靈魂伴侶的丈夫、光是存在都可愛的兩個兒子，獻上我的愛與感謝。最後，感謝自始至終都愛我，並賜予我生命的神。

希望這本書能深深慰藉以眼淚教養寶貝子女的韓國父母們，以及所有孩子們。

夢想著所有人都能一起成長的 尹珠善

Chapter 5 — 邊動搖，邊綻放的花：孩子

前言

在開始練習視線高度以前

現在有不少父母都已經領悟到以高壓姿態教訓、督促，對子女教育再也起不了幫助的事實。有鑑於此，我們需要的是配合孩子的視線高度，以及願意仔細端詳孩子內心的姿態。若想這麼做，首先要做的是「心理輔導」的訓練。我認為的「心理輔導」，是「恢復內在力量的訓練」。明白恢復內在力量的方法後，同樣也能適用於對話方式。想要恢復內在力量，必須先理解關於心理的特徵與運作原理。

既然如此，「心」究竟是什麼？心，是「思想、情緒、需求」。換句話說，了解自己的心，正是了解自己的思想、情緒、需求。

現代人的日常生活實在太過忙碌了。舉例來說，吃飯的同時會拿起手機看新聞或收電子郵件，根本沒有感覺食物究竟美不美味，甚至連自己正在吃些什麼也渾然不知；一出門，為了不想錯過地鐵，便開始匆忙狂奔，完全感覺不到雙腳踏著土地的觸感、街頭巷弄的景色、當下自己的思想與情緒……然而，我們確實應該多費心於放鬆忙碌的自己，並慢慢地品嚐每個當下。

與孩子對話也一樣。如果只顧著雙眼看得見的表情與行動、耳朵聽見的話語，根本無法看見孩子的心。與人相處，也是與心相處。若想與看不見也聽不見的孩子的「心」相處，應該學會靜靜審視，而不是慌忙急躁。因此，我們需要的是「觀心」的訓練。

十五世紀時，輔導（coach）一詞指的是馬車。雖然還有另一種交通工具「火車」，馬車與火車卻有著極大的差異。火車有辦法一次把許多人從起點站載往終點站，且不能中途下車，只能在指定的地方上、下車。然而，馬車則是一次只能載一名乘客到他希望前往的地方。乘客既可以選擇想要的路線，也可以隨時下車。簡單來說，就是「客製化」的交通工具。

一九一七年，曾任哈佛大學網球隊隊長的提摩西．高威（Timothy Gallwey）發現人只有在找到自己專屬的方法時，才能更輕鬆、有趣地學習網球。不依賴教練的輔導，唯有擁有個人領悟的姿勢後，學習效果才更顯著。後來，他將這套輔導概念引進體育界，現在則活躍於商業與教育等多樣領域。

輔導的基本前提在於相信對方。換句話說，也就是使用對方的視線高度。輔導的哲學是——「每個人都有無限的可能性，而解答就在本人身上」。因此，原本看著孩子的父母，必須改變自己的觀點才行。孩子是擁有無限潛力的存在，而解答就在孩子身上。父母不是指揮、管教的人，而是應該成為協助孩子發現與發揮自我潛力的輔導者。

為此，父母得先提升自我的內在能量。內在能量低落、混亂的父母，沒有辦法輔導孩子。當自己的內在正處於地獄時，穩定自我的心才是當務之急。

如同做肌肉訓練能增加肌肉一樣，經過訓練的內在也會產生力量。平時就先嘗試訓練自己觀察內在，找出自己有什麼想法、感覺什麼情緒、渴望得到什麼，然後提筆寫下。如果試過觀察自己的內在，便會發現思考與情緒重複出現一樣的模式。這樣的思考與情緒模式，對自己究竟是有益，抑或是有礙成長呢？萬一有礙於成長，大可不要再重複一直以來的模式，只要找出有益的方法，並訓練自己朝該方向前進即可。

當置身壓力過大的情況，或體力大幅下降而感覺憤怒時，暫時離開那個空間，閉上雙眼，然後緩緩地深呼吸一分鐘。一分鐘後，感激的情緒會與「原來我還活著」的想法一起浮現。一邊想著當下情況值得感激的部分，一邊告訴自己：

「感激我還活著。」
「感激我還能用雙腳走路。」
「感激我還有能工作的職場。」
「感激我的雙眼還看得見。」

試著說說這些話，內心就會在某個瞬間變得沉靜。

為了自己，多接觸些平常喜歡的東西，以及能讓心情變好的事，同時也讓自己多聽些想聽的話與稱讚。看著鏡子告訴自己，是個不錯的方式。找出日常值得感激的事，以充滿愛的心關懷自己，是很重要的。唯有提升父母的內在能量，才能讓孩子的內在能量也跟著提升。

將自己當作與孩子一起成長的輔導者，畢竟父母與孩子同樣都是時刻在成長的存在。好，從現在開始把注意力集中在孩子那看不見的內心世界。優先專注於孩子的思想、情緒、需求。與孩子對話時，嘗試配合他們的視線高度。猶如小孩初次學步般，慢慢地、一步步地練習。

希望各位不要用頭腦，而是用心閱讀本書介紹的內容後，找出適用父母與孩子的部分。如此一來，便能發現自己與孩子一天天成長的模樣。

關懷孩子，
是父母被賦予的責任；
父母，
是幫助孩子開花盛放的園丁。

Chapter 1

近來讓孩子們感覺辛苦的原因

「大人們不懂，什麼都不懂。就是因為痛心才那樣的，但大人們不懂，什麼都不懂。請溫暖地抱緊，總是一個人，總是孤單的我們。請愛我們。」

大人們不懂，孩子們也不懂

「大人們不懂，什麼都不懂。就是因為痛心才那樣的，但大人們不懂，什麼都不懂。請溫暖地抱緊，總是一個人，總是孤單的我們。請愛我們。」

這是童年時期唱過的一首歌，歌名是〈大人們不懂〉。雖然只是首當時隨意哼唱過的歌，我卻在最近開始思考起歌詞的意義。儘管是老歌，竟也成為能貼切地唱出現代孩子們心聲的名曲。大人們，真的不懂孩子們的心。

在四、五十歲的大人們眼中，現在的青少年是懦弱的存在。明明只要專心讀書就好，卻連這點小事都不肯做。現在的小孩，從小要什麼玩具有什麼玩具、從幼兒園開始就有機會補習……吃的、穿的、教育，父母們自己過去沒能享有的一切，通通都為子女準備好了，讓他們過著比以往的任何時代都來得養尊處優的生活。可是，居然還有小孩覺得辛苦？真是無法理解。好擔心他們將來到底有沒有辦法出社會賺錢。

小孩們心裡又是怎麼想的呢？小孩們才覺得大人們講不通。面對大人們的要求，早已身心俱疲了。上國小低年級前，得學各式各樣的東西，多樣化體驗鋼琴、小提琴、美術、跆拳道、游泳、國畫等活動。到了四年級，又要中斷才藝類的課，改成報名英文、數學補習班。就算放學了，也沒有時間去操場玩，必須立刻趕去補習班；補習班下課了，又得接著寫補習班作業。除了補習班，還要上課外輔導和家教。從小開始的課外教育，抹去了對知識的好奇心，讀書變成令人感覺厭煩、被強迫做的事。成為國、高中生後，大多數都已感到倦怠（burn out，因高強度的學業壓力，導致身心俱疲的狀態）。

有位相熟的老師同事表示，自己迄今投入在兩名子女身上的課外教育費用約為韓幣兩億元。讓人驚訝的是，兩名子女現在的年紀分別才十歲與八歲。自小孩四歲起，便送他們去念英語幼兒園，持續地把錢投資於課外教育。這麼做固然是出自想好好教養兩名子女的心，但經濟上的負擔卻相當龐大。

然而，更讓人擔心的，是與子女間的關係。下班後，每次檢查小孩的補習班作業時，總因為他們沒有達到標準而發怒。可是，小孩已經天天讀書讀到晚上十點，時間不夠的話，甚至還得在早上六點開始讀書。定期補習、定期接受分級考試，一天二十四小時光用來讀書都嫌吃緊了，父母與子女間自然無法對話，連聊聊「平常都在想什麼？」、「最近學校生活如何？」、「和朋友相處得好不好？」的時間都沒有。

這些小孩們，現在確實會因為還小，而願意跟隨父母的指示照做，可是三年後又會變成什麼模樣呢？

一般來說，小孩們在做任何選擇時，都想得很單純：喜歡就是喜歡，討厭就是討厭。當身旁的朋友說「聽說這個很棒，你也試試」時，他們會回答：「好。」而不會去煩惱做出這個選擇究竟會帶來什麼結果，僅是不假思索地接受朋友的建議。放學後，是否選擇再上其他課也是一樣。就算那裡能提供自己需要的東西，只要覺得麻煩，他們就不會報名。光是考慮本身都覺得麻煩，甚至感覺自己根本不需要那些東西的學生們，開始變得越來越多。當與同儕對話時，考慮得比較長遠的小孩們，反而覺得自己格格不入。

若提起足以讓信仰「嫌麻煩主義」的現代青少年們團結一心，甚至陷入狂熱的，想必就是「偶像」了。

青少年時期，是極為重視同儕認同感的時期。光是一起成為某個粉絲團的會員這件事，都能讓他們感受同質性，並形成對團體的認同感。由此生成的「迷文化」（fandom）詞彙，是結合了「fanatic」（迷，為某種東西狂熱的人）與「dom」（勢力範圍），用以指稱對特定名人癡迷的人們所形成的團體。

迷文化的影響力不容小覷。二〇一八年，聯合國兒童基金會（UNICEF）與電影《星際大戰》（*Star Wars*）為營養不良的兒童籌募糧食而聯合舉辦的活動「Roar For Change」，成功在短短兩天內募得最高目標金額一百萬美元。後來才知道，在募款的過程中，歌手防彈少年團的粉絲「A.R.M.Y」的積極捐款，發揮了極大影響力。藉由這個例子，可以充分了解到現在的小孩們對於支持自己喜歡的明星，有著十足的熱忱。

在主打煩惱諮商的韓國 KBS2 電視台綜藝節目《你好》中，曾經出現過一位為了追偶像而不去上學的十七歲女孩。她表示自己著迷於偶像團體 Seventeen 的三年間，跑遍了演唱會與簽名會，每當活動結束後早已筋疲力盡，根本無法再去學校。

這個故事的主角，自 Seventeen 出道那天起，便開始鑽研所有成員負責的工作與性格。為了看 Seventeen 的影片而晚睡，自己老是遲到或缺席。連 Seventeen 工作通勤的路程也追著不放，甚至還曾二十四小時都沒回過家。即便碰上考試期間，也不去學校。後來因無故缺席而被評為零分，成績一落千丈，結果搞得自己留級。當朋友們都上了高中，自己卻得獨留下來重新讀國中三年級。

主角的父親表示，由於家人們都很忙，實在沒辦法好好照顧這個么女。

「因為我們家女兒是七個月的早產兒，所以也不曾阻止她什麼。」

看著自責地流下眼淚的父親，在場的人也紛紛紅了眼眶。歌手黃致列則是對主角說了這番建言：

「我和 Seventeen 同間經紀公司，看著他們長大，他們是真的很努力才有現在的好成績。身為粉絲，是不是也該像他們一樣努力過生活呢？」

最後，送來了一段 Seventeen 為主角錄製的影片，他們在影片中叮囑主角：「如果是我們的粉絲，就要好好去上學。」主角於是向 Seventeen 承諾自己以後會乖乖聽父母的話，也會好好去上學。

看著因為 Seventeen 的影片而決心重新開始的主角模樣，確實令人安心不少。另一方面，也為流著淚勸告女兒卻沒有得到任何反應的父親感到心酸。家人，不才是比任何人都珍惜與疼愛主角的人嗎？

大人們很難理解正值感到徬徨的青少年心理。很多時候，其實連青少年也不知道自己為什麼會這樣，有時明明心情很好，卻又突然變得憂鬱。此時，必須懂得去認同這樣的他們。孩子的大腦會根據環境持續產生變化，直到過了二十五歲為止。青少年時期，是擁有偉大可能性的時期，同時也是存在獨特危險性的時期，時不時就會做出衝動、不理性、固執的決定。這一切，或許都只是很自然的現象。大人們不也會莫名其妙覺得心情很好或很差嗎？不妨就坦然地認同他們吧。

父母與孩子都不懂彼此的心。因此，平常就該帶著關心去和對方對話。最簡單、實際的解決方法，正是家人間的對話。好好傾聽孩子們真正想要的是什麼，而不是在發生問題時，只顧著生氣或訓斥，應該一起聆聽與討論彼此的想法，然後找出彼此都能接受的方式。恰如雨後的土地才會變得更堅固般，藉由解決衝突的過程，父母與子女也能更加了解彼此。一開始總是比較辛苦的，但如果父母與子女願意嘗試了解彼此的心，雙方都能因而有所成長。

我們為什麼不對話？

從兩、三年前開始，我忽然覺得在教室見到的學生們變得很陌生。朝會或放學前走進教室時，常常只看見低著頭的學生們。

早上九點打開教室的門，映入眼簾的是抬起頭看著我的學生、低著頭的學生、趴在桌上的學生、站在置物櫃旁的學生……太過亂糟糟的氛圍，不免讓我有些慌張。通常導師一進教室，理應聽到的是學生開心地用「老師好！」打招呼才對。於是，我先向大家打了招呼：

「大家好！」

毫無反應。猶如初次打招呼般，我又打了一次招呼：

「大家好！讓我們用互相打招呼來開始這一天吧！」

直到此刻，學生們才總算抬起頭用微弱的聲音打了招呼。接受著大家被迫打招呼而開始的一天，總令我心裡覺得有些不對勁。

有一次，我走近直到最後一刻都未曾抬起頭打招呼的A，甚至連我的靠近都沒有察覺的A，正專注地玩著遊戲。我輕聲叫了叫他的名字後，A才看了我一眼。隨後，又立刻低頭看著手機，繼續專心玩遊戲，彷彿我就是個透明人一樣。

過了一陣子，我向A問道：

「朝會的時候，老師靠近你的感覺是什麼？」

「沒什麼特別的感覺。」

A沒什麼特別的感覺，只是全心專注遊戲。當下對A來說，遊戲升等比看老師來得重要。而我，對這種師生關係感覺到的，倒是所謂的「恍如隔世」。

很會讀書的學生，也會經常在早上的時候坐著發呆，就像完全聽不見我說的任何話般。看也不看我的眼睛，自顧自地把頭靠在桌上，或是將視線固定在半空中。

某天，我和Ｂ對談時，他說：

「老師，其實老師說的話我都有聽見，只是假裝沒有在聽。」

感受到Ｂ說出這番話的體貼心意，我很感激。

「謝謝你。可是，假裝沒有在聽的原因是什麼呢？」

「避免引起其他人的注意，然後……反正就是有點那樣啦。」

孩子們並非同班就一定很熟，他們的一舉一動還是得默默觀察同學們的臉色。因此，在教室裡的行為總是顯得謹慎而不自然。

一年級就同班又關係很好的Ｃ和Ｄ，二年級時也剛好同班。可是，兩人自從升上二年級後，就變得像是不認識彼此一樣。後來才知道，自從兩人一年級時一起玩遊戲玩到吵架後，就開始變得尷尬。再加上又在背後講彼此的壞話，關係從此破裂。經過幾次面談，我努力試著調解兩人間的矛盾，但相對於有和解意願的Ｃ，Ｄ卻怎麼也不願意。很可惜，結果還是沒辦法恢復兩人原本友好的關係。

就像這樣，有時說自己明白孩子的心，卻好像也不是那麼明白。看起來似乎年紀還小的他們，其實都有自己專屬的世界與規則，偶爾才會出人意料地展現他們的細膩與敏感。孩子的心，為什麼如此易碎、敏感呢？「環境」，可能就是原因之一。

以前，是由地域社會*教養孩子。即使父母為了糊口而無暇照顧孩子，他們也會自動上學，自己在住家附近的街頭巷尾玩著、玩著就長大了。在巷弄玩耍時，會有其他大人請吃餅乾；做錯事時，也會被教訓。只要踏出家門，處處都是朋友、兄弟姊妹們，可以相伴玩上一整天。通常是捉迷藏、跳橡皮筋繩、跳格子等需要數人一組才能玩的團體遊戲。在學校，一個班級也坐了超過五十名學生。雖然也有其他相熟的朋友，但多數還是會跟自己的同班同學一起玩。

然而，現在是由單一家庭教養孩子。根據情況的不同，一個孩子甚至多到由六至七名大人一起教養——雙薪父母、祖父母、外祖父母，再加上保母等，各自輪流照顧。如此一來，孩子自然獨占了家人們的愛與關心。當各種小要求沒有即時得到回應時，就會引爆孩子的不滿。於是，「自己想要的」永遠優先於「考量他人立場」。

相反的情況同樣存在。父母多數時間都不在家的孩子，就算放了學，也得先去上課後輔導或補習班，直到深夜才能回家。由於到了那個時間父母依然不會在家，孩子一打開門，迎面而來的往往只有一片死寂與冰冷的空氣。打開漆黑客廳的燈，不自主地嘆了口氣。獨自吃完自己準備的晚餐後，準備開始寫作業之際，盈眶的淚水甚至讓他們看不清眼前的字。看著一顆顆落在筆記本上的淚珠，孩子趕緊伸手找尋衛生紙。父母與孩子，各自過著太過忙碌的日常。

此外，置身人人都在使用智慧型電子產品的現代，更是嚴重地切斷彼此的溝通。這個時代，除了在大眾運輸工具上，就連在家也一樣，每個人都只顧盯著拿在手上的機器。智慧型電子產品的發明，確實為你我的生活帶來一大變革。只要擁有智慧型手機，別說打電話或傳訊息了，隨時隨地都能搜索需要的資訊。銀行業務變得可以輕易處理，甚至連信用卡都不必帶出門。無論是找路、找餐廳、玩遊戲等生活大小事，只要善用多樣的應用程式，通通都能免費下載。

＊譯註：分為實體與抽象兩種。前者存在具體的地理空間，後者則是生活場所。

可是，過度使用智慧型電子產品成癮，導致我們的大腦開始退化，對於大腦正在發育的十多歲孩子們，無疑更是致命的問題。

多巴胺是神經傳導物質之一，也是大腦在人處於亢奮狀態或調控欲望時所分泌的物質。舉例來說，運動競賽時，因為燃起了「一定要贏比賽」的欲望，於是當獲得相應代價時，便會產生令人感覺愉悅的快感。不過，若多巴胺分泌過濃，可能就會導致成癮。智慧型電子產品即是一例，這也是為什麼有很多人都無法離手的原因。其實，上課時間使用智慧型手機的問題，早已成為師生間的矛盾。

最大的問題在於，過度使用智慧型電子產品會減少與他人直接面對面的機會。如此一來，自然也大幅減少了家庭成員間的對話。

總而言之，我們必須在認知社會出現了諸如此類的全面性變化後，再去看孩子。未來的社會，需要的是懂得同理他人，並且有能力溝通協商的人才。父母與老師應該導引青少年們擺脫對智慧型電子產品的依賴，學習實際與人溝通。

如果希望孩子能長成懂得同理他人與溝通的人，首先得讓他們感覺家庭的溫暖。

就算一天只有十分鐘也好，請開始試著與孩子對話。先從「今天最有趣的事是什麼？」、「學校午餐好吃嗎？」等瑣碎的問題開始就好。聊著聊著瑣事，不知不覺間便會見到孩子變得願意與人閒聊。

現在，停止在彼此間用「成績」畫界線，學習認同孩子的多樣性，以及尊重孩子的主體性。如此才有可能在你我的國家見到像是史蒂芬·賈伯斯（Steven Jobs）、馬克·祖克柏（Mark Zuckerberg）那般充滿創意的人才。真心希望大人們能夠伴孩子們同行。

父母做得越多，孩子變得越脆弱

幾天前，我們班上的學生H跑來找我。原來是放假期間有些關於地球科學的調查內容，他希望我能針對該科目為其能力詳細備註。由於這項作業的原則是必須在上課時間記錄觀察內容，所以我在解釋清楚後，便將H送了回家。不久後，我接到了來自H媽媽的投訴電話。在那之後，H依然去拜訪了各科老師，並且拿出列印好的資料做了一樣的要求。每次被拒絕後，H媽媽就會打投訴電話給身為導師的我。為了學習歷程檔案焦急的人，不是學生本人，而是學生的媽媽。

積極的父母，往往都會換來子女的消極。在我見過的無數父母中，幾乎都無法等待子女親自解決問題，結果總是先子女一步把問題解決。當然了，有些時候確實需要父母出面解決。舉例來說，當他人因自己子女的行為而受害時，父母自然得採取些對應措施。

子女邊解決問題，邊成長的過程，往往是最有意義的。其實，每個人的一生都會面臨各式各樣的衝突與問題。而解決這一切所需要的能力，通通都在人的身上，僅是從未被開發過罷了。當父母一而再地提示解決方案，子女就會成為從來不明白自己也是擁有解決問題能力的大人。不僅無法開發自己獨有的解決問題能力，更嚴重的是，往後只要一遇到問題，就只會依賴父母。在父母獨攬子女問題的瞬間，同時也背負了無盡的壓力與責任。

我曾經在與自己相當尊敬的校長對話過程中，得到很大的體悟。他發自真心向教養孩子的我提出建議：

「老師，請讓孩子去做他們想做的事，千萬不要強迫他們。」

我問了問原因。校長表示自己很喜歡「教師」這份職業，於是他把自己的大兒子送進運動教育系。可是，連續幾年的教甄落榜，引爆了兒子對他的怨恨。站在父母的立場，這該是多麼心痛的事？父母愛子女的心，是無法言喻的。足以讓父母願意付出性命也在所不惜的存在，正是子女。然而，由父母為子女選擇前途的瞬間，只要稍有差錯，子女就會開始埋怨父母。無論是什麼，都該讓子女自己選擇並解決其中的問題，才能讓子女自己負起責任。此時的父母，只要做好建言者、協助者的角色就好。

我是兩個兒子的媽媽。教養過兒子的媽媽們，只要一聽到「兩個兒子」，便會不自覺先嘆一口氣，心有戚戚焉地。

從大兒子上小學的那一刻起，我度過了不少心急如焚的日子。小二時，同班同學I在學期初舉辦了生日派對，並且邀請了除了大兒子外的大部分男同學。當時覺得自己被排擠的兒子，心情該有多難過？

後來，同學I因為誤會，而開始散布錯誤的謠言。這些假謠言，讓大兒子變成了「說謊精」。孩子們玩在一起時，當然難免會出現些誤會，但若繼續放著不管的話，事情似乎只會越演越烈。於是，我打了電話給同學I的媽媽，邀請她與兒子和我們母子見個面。對談中，同學I才明白自己誤會了。雖然最後解開誤會了，關係卻沒有復原。要不就是團體踢足球時獨留大兒子一人，要不就是去操場玩時也不讓他一起加入。

就算去上班，我整個腦袋仍不斷想著大兒子。儘管這根本不是我出面就有辦法解決的事……經過一陣苦思，我選擇扮演協助者的角色。一心想著「好，相信大兒子吧！他自己一定有能力解決問題」的我，終於下定決心。

下班後，我滿臉笑容地去接兒子放學。兒子一見到我，淚水立刻盈眶。雖然整顆心撕裂似地痛著，我依然盡力保持穩定的心情與他對話：

「今天過得怎麼樣？」

「太難過了……只要我一靠近，他們就避開。明明不是我做的，他們偏偏跟老師說是我做的。」

聽完這些話，我的身心都難受至極。

在那之後，孩子每天都會向我傾吐各種傷心的故事。從事輔導工作的我，當時沒有把他想作自己的兒子，而是一位顧客。每次聽完故事後，會再用一小時提問與孩子進行對談。

不知不覺間，過了一年。看著孩子漸漸找出方法面對的模樣，實在非常欽佩。當同學I與其朋友們不讓他加入時，他會自己去找其他朋友玩；當遭受不當待遇時，他會告訴老師。儘管有時會因老師沒有完全聽進自己的話而有些傷心，但至少他表達了自己的想法。哭泣的時間，一天天減少了。

小三時，孩子忽然一下子長大了。開始擔任班上體育股長的他，變得享受學校生活。最重要的是，導師經常稱讚孩子的領導能力與認真。對大兒子來說，小二是一段逆境。可是，為了解決問題，他選擇直接面對。儘管受過不少傷，卻也換回等值的強大。

假如身為媽媽的我持續出面，結果會變得怎麼樣呢？想必往後遇到任何小事，兒子都會請求我的幫助，無法再靠自己思考究竟該怎麼做。一年，是很長的時間。撐過那段時間的經驗，讓我和兒子一起成長了。現在兒子和小二時老是吵架的同學們也相處得很好。雖然痛苦的時間很難熬，卻也因此成長了不少。

由於無法眼睜睜看著年幼子女難過而置之不理，不少父母都會選擇百分百順從子女想要的東西。養成「要什麼有什麼」習慣的子女，最後變得能隨心所欲地控制父母。當父母認為不能繼續下去，而說出「不行」時，他們便開始耍賴、發脾氣。結果，父母再次屈服。

還有些父母認為「絕對不能打壓子女的氣焰」。他們希望的是，子女可以長成有自己個性、理直氣壯的人。大方表達自己的想法，活得坦然自在固然很重要，但過度保護只會讓子女停留在孩子的狀態。父母應該幫助子女從小開始面對現實，從中學習調整自己的需求，以及與他人妥協的方法，讓他們明白這個世界並不是事事都能盡如所願。

再過一段時間，到了青少年時期，必須得再和子女拉開些距離。此時的子女會開始頂嘴，而頂了多少嘴，就代表他們成長了多少。身體當然也會迅速地成熟。由於這段時期的成長會呈急遽發展，他們學習新事物的速度也會變快。即使大腦與身體開始趨近成人，精神卻依然處在不安的狀態。此外，這段時間也是他們開始生成自身力量與意志的時期。比起父母，他們不僅更喜歡朋友，而且也會開始結交異性朋友。大人們必須自然地接受他們的這些內心世界才行。

近來，有很多長大成人後仍很依賴父母的子女。替上大學的子女安排課表的媽媽或幫成人子女準備求職的父母，都不算罕見。對父母的依賴問題，確實在最近變得相當嚴重。依賴問題，不是只發生在子女身上。就算子女已經度過青少年時期，長成了大人，甚至結了婚，依然有些父母會持續干涉著子女的生活。

當子女處在生理與心理皆開始出現自我需求的青少年時期時，父母應該學會有智慧的處理方式，盡可能協助子女拓展實踐自我管理的範圍。如果父母只是持續給予幫助，等到子女出社會後，將很難以一個獨立個體存活下去。

鐵，越是敲打，越是堅固。對比溫室花朵的脆弱，在陽光與風雨中成長的小草更顯強悍。將最愛的子女養成足夠抵擋風雨的堅強小草吧！儘管當下可能會覺得心痛，但只要秉持信念，最終孩子一定能成長為懂得負責的大人。

為了孩子的自尊課

試著問問孩子：

「如果要替自己打分數，你覺得是幾分呢？」

有些孩子會說一百分，有些孩子會說八十分；偶爾，也會出現零分或負分的答案。

舉例來說，當孩子與朋友吃飯吃到一半，突然打翻桌上的水時，會有什麼反應？多數孩子會向朋友道歉，並且拿衛生紙替朋友擦一擦，表示自己以後會注意些。然而，卻也有些孩子會自責、煩惱著「我為什麼這麼冒失？」、「我真的很笨手笨腳。」自尊感越低落，給自己的分數越低，只要一做錯事，就開始責備自己。

自尊感，是看待自己的觀點，也是尊重自己的力量，更是認為自己是討喜、珍貴存在的堅信。換句話說，就是自認是有價值且值得被愛的存在，並相信自己的能力。認為自身很珍貴的人，絕不會成癮於任何危險的事物。唯有不明白自己有多珍貴，才會做出傷害自己的選擇。

你知道嗎？韓國的自殺率，是OECD（經濟合作暨發展組織，Organization for Economic Cooperation and Development）會員國平均值的三倍之多！自二〇〇〇年以來，有長達十多年的時間，韓國持續寫下OECD會員國中自殺率第一名的不光彩紀錄。根據統計廳的資料顯示，青少年死亡原因中的第一名就是「自殺」。這也是為什麼現在必須立刻聚焦於恢復子女自尊感的原因。

自尊感高的孩子會認為自己相當有價值。基於對自我能力的堅信，也會信賴自己的判斷，不會在面對多樣選擇時感到猶豫。萬一失敗了，會想辦法更確實地理解情況，並認為只要找出失敗原因就能解決問題，而不是自責、感覺挫折。

自尊感高，也有讓他人對自己抱持正面形象的意義；置身無法獨力解決的困境時，會很樂意向他人請求協助。正因坦誠向他人展現自己的優點與缺點，所以更能建立誠實、圓滿的人際關係。毋須特意觀察父母或老師的臉色，就可以清楚表達自己想要的是什麼。對世界感到有興趣，並認為自己可以完成許多事；享受挑戰新事物，即使面對充滿壓力的情況時，也會因為自信眼前的一切不會持續太久而順利克服。

相反的，自尊感低落的孩子，因為不相信自己的判斷能力，所以總會在面對選擇時感到猶豫。失敗時，由於很難承認失敗，因此會開始怪罪他人，並推卸責任。有時寧願說謊逃避，也不願解決問題且容易選擇放棄。

此外，也會基於認為他人對自己懷抱惡意的想法，而不願向他人請求幫助。由於感覺他人總在批評或攻擊自己，因此經常表現出憤怒或具攻擊性的態度。再加上易於受他人的表情或反應影響，一旦他人臉色變得不好看，就會開始坐立難安。對世界抱持負面印象，認為這是個危險且難以存活的地方。面對新事物時，也會因為覺得危險、折磨，而刻意避開該事物或環境。面對充滿壓力的情況時，也會因為堅信眼前的一切會一直持續，而輕易放棄或遲疑。

自尊感與依附（attachment）存在極大關聯。所謂依附，指的是「教養者與嬰兒間的情感聯繫」。孩子在零至三歲時，與主要教養者間會出現多樣的互動，根據其互動方式，產生對自我與他人的表象。舉例來說，擁有「別人喜歡善良的人」的「他人表象者」，會為了得到他人的肯定與愛，而只做善良的行為；擁有「我既沒有力量又不完美」的「自我表象者」，當面對困難時，往往會選擇迴避或依賴他人。

雖然依附在初期是形成自與父母的關係，但隨著與其他重要的人建立關係後，會再形成其他的依附。像是與祖父母、老師的關係，也都可能形成依附。如果大人能向孩子表現出一貫的態度與敏銳的反應，即使是在童年時期沒有形成依附的孩子，也能透過信任感形成穩定的依附。

孩子的自尊感，形成自他們重視對象的反應。為了讓孩子擁有正面的自我形象，父母敏銳的反應不可或缺。

這裡的「敏銳反應」，代表的是迅速察覺孩子的情緒與需求後，正確分析並給予適當反應的意思。孩子會使用多樣方法表達自己的內心，因此若想了解孩子的心，父母必須傾注關心，並敏銳地做出反應。需要注意孩子發出的各種訊號，意即隱藏於語言與非語言背後的情緒、想法、需求、行為的動機與目的。接著，再協助孩子表達自己的情緒與想法、需求，並提供機會讓他們解決自己所需。

我們常以為感覺憂鬱時會選擇睡覺，但有些孩子感覺憂鬱時，會變得懶散，甚至生氣；我們也以為感覺悲傷時會哭泣，但有些孩子感覺悲傷時，會吃特定食物或鬧脾氣；有些孩子會在感覺憤怒時大吼大叫，有些孩子卻會緊閉雙唇不發一語。想察覺孩子的情緒，需要的是專注地觀察。平常的時候，也可以做筆記幫助自己。如果能發現孩子的情緒與思考模式，往後就能做出更快速的對應。觀察，是了解孩子內心的基本。孩子的信號就像一塊塊拼圖，拼湊出越多，越容易預見全貌。為了正確感知孩子獨有的信號，必須專心觀察其表情與肢體語言、眼神、語氣等。如此一來，當孩子發出不同以往的信號時，才有辦法即刻察覺。

在韓國 EBS 電視台播映的《Docuprime》中，哈佛大學教育系的教授約瑟芬·金（Josephine Kim）曾在「孩子的私生活篇」提到：

> 「自尊感是成功人生的必要因素，而自尊感的核心，就在於對自我價值的相信與自信。」

無論置身什麼狀況都懂得尊重自己的力量，正是自尊感。即使身處在極端競爭的社會，只要擁有高自尊感，也能過著幸福的生活。

如果想讓孩子明白自己有價值，並相信自己的能力，父母與老師該怎麼做呢？當孩子犯錯或沒有達到父母的標準時，絕對不能對著他們生氣。懂得完整接納孩子的想法、情緒、需求，是很重要的事。其實，光是好好聆聽孩子說話，已足夠令他們感覺受尊重。

某天，K有別於平常地板著臉坐在走廊上。偶然見到他這副模樣的我，停下腳步詢問他發生什麼事了。他說因為筆試成績變差，所以覺得很憂鬱。實際對話後，我才發現他真正煩惱的是其他事。原來他和女朋友交往三個月了，雖然很喜歡和女朋友約會，卻煩惱著不知道該怎麼解決成績下滑的問題。說著自己就算去了圖書館也無法專心的他，深深嘆了口氣。

此時，如果說出「你就是因為那樣成績才變差的啊！」只會讓孩子閉嘴沉默。於是，我告訴他：

「看來你現在比較喜歡和女朋友待在一起吧？成績變差確實很令人擔心……心情一定很複雜吧？」

必須先完整接納孩子混亂的想法與情緒，再幫助他們做出正確的判斷。

青少年，是尤其感覺迷惘的時期。唯有經過深刻的煩惱，醒悟自己究竟是誰、在社會上扮演什麼角色等問題後，才能形成健康的自我認同。

由於這是確立自我認同的時期，處理人際關係——尤其是與同儕間的關係，是極為重要的事。我們必須留心觀察孩子是否適當地融入所屬的團體。當孩子的交友關係出現問題時，則必須好好尊重孩子的情緒，而非教訓他們「讀好你的書」。

有人說：「哪怕只有一個願意真心關懷孩子的大人，也能讓孩子改變。」父母與老師必須懷抱使命感，肯定自己眼前這個孩子的原有面貌。不要批評或判斷孩子此刻的模樣，而是學會展望他們成長後的未來樣貌，並且真心地支持、幫助孩子的自尊感健康茁壯。

專為媽媽設計的視線高度練習 TIP

診斷孩子的自尊感指數

☑ 我家孩子的自尊感是什麼狀態？
請在適當的地方標記，並思考孩子需要的生活態度。

類型 A	標記	類型 B	標記
主動解決負責的事		發生事情時，經常依賴他人	
願意對自己做過的事負責		認為自己是沒有價值的人	
即使失敗，也不易感到挫折		遭遇失敗時，無法擺脫挫折感	
重視自己的想法與判斷		容易受他人操控	
需要時，能自然地請求協助		無法輕易地請求協助	
對每件事都熱情積極		多採被動的態度	
誠實表現自己的情緒		恐懼或不滿於表現自己的情緒	
積極正面地提及自己本身		消極負面地提及自己本身	
標記數量		標記數量	

- 類型 A 的標記數量過半時，表示自尊感偏高
- 類型 B 的標記數量過半時，表示自尊感偏低

教訓孩子多少，就離孩子多遠

知名的德國哲學家卡爾．雅士培（Karl Jaspers）將人生在世必須面對變化且不可迴避的現實情況稱為「界限處境」（Grenzsituation），並將其解釋為人會感覺挫折的原因。

我們的社會充滿各種讓許多人挫折的條件，光看教育體系已是如此。

所有人都同意「學校」不只是學習知識的地方，更是學習如何與老師、朋友溝通的地方。透過與他人相處、爭執、解決的過程，使人格成長。當看著學生們彼此對話、展現笑容的模樣時，我的心也會跟著開朗起來。光是見到學生們玩著籃球、足球、棒球時，笑得爽朗、健康的樣子，都足以讓我心情變好。在學校與朋友們經歷的回憶，將成為孩子們一輩子珍而重之的寶物。學校是能讓孩子們在踏入社會前，於做好一切準備的同時，彼此相伴學習、成長的地方；也是讓孩子們能夠透過各式機會獲得激勵，盡全力使自己成長的地方。

然而，教育體系卻停滯不前，偶爾甚至還有些殘酷。以韓國為例，日帝時代*的教育體系，迄今仍原封不動地留存。在四四方方的教室裡，以一致的方式學習知識。儘管嘗試了各種教育課程的評比方法，始終還是停留在傳播知識為主的系統。填鴨式的教育，幾乎無法讓學生們擁有自己學習與成長的機會。

光是按照上午九點至下午五點的固定時間表上課還不夠，多數學生下課後得再去補習班。在補習班同樣接受完填鴨式教育後，直到深夜才能回家。有些學生甚至在補完習後，還要去圖書館。為了上理想的大學，猶如賽馬般無暇環顧周圍，只能不停往前跑。在這種情況下，孩子們怎麼可能會有自己的想法與成長呢？只是在消磨他們對學習的欲望罷了。

置身這種環境之中，只能眼見無精打采的學生日漸增加。因為無論多努力也達不到高標的自己，依然得不斷地讀書。人一旦有過付出努力卻絲毫沒有用處的經歷後，便不會想再做新嘗試了。

無精打采不是原因，而是結果。直到現在，我已經見過無數無精打采的孩子。他們各自有自己過得無精打采的原因，有些孩子是因為待在這樣的教育體系而無精打采，有些孩子是因為當時的生活令他無精打采。

眼見無精打采的孩子什麼也不做，大人們開始對他們生氣。催促著他們要再過得努力些，甚至威脅他們「是不是想過得更辛苦？」結果，越是這麼做，越是逼得孩子想逃。深陷在無力沼澤的孩子們，趴在桌上不想起來、什麼也不想做。當內心越不安，越有可能沉迷於遊戲或網路賭博等使人成癮的活動。為了不想受傷、不想再感覺辛苦，他們選擇鎖上心門，變得麻木無感。

＊譯註：指一九一〇年八月二十九日至一九四五年八月十五日，為日本統治韓國的時期，又稱日帝強占期。

我也有過類似的故事。在我的心底，曾有過始於童年時期的深層孤單與憂鬱。為了讓大人們安心，我經常假裝沒關係、假裝開朗。邊察言觀色，邊憂心思考著：「是不是因為我，才讓媽媽很辛苦？」懷抱著這股無力感的我，直到上了高中，絲毫提不起任何積極熱情生活下去的勇氣。我使盡全力，只為不被察覺自己脆弱的內心。雖然大人們的眼中看不見，我的心卻嚎啕不止。其實，連我都不太清楚自己的心。只是覺得害怕、厭惡、想逃……於是，只能趴在書桌上一直睡覺。

高中時期，第一次遲到的我心急如焚地等著公車，一到教室，既尷尬又歉疚的心讓我抬不起頭。然而，隨著遲到的次數一天、兩天增加後，我開始變得無感——時間一久，甚至開始習慣遲到。上課時間趴在桌上的行為，也是如此。第一次趴在桌上時，還會觀察一下大家的反應，但是到了後來，已經不分上、下課時間，只是無止境地睡覺。雖然老師起初還會問一問「是不是身體不舒服？」但過了一陣子後，也開始假裝不知情。

上課時間待在教室的我，就像透明人般的存在。儘管我並不喜歡，但漸漸變得習慣，也失去了重新回頭的路。那種心情，彷彿是獨自走在濃霧瀰漫的夜路上。看不清前方，心裡鬱悶至極。不知道該何去何從，只想蹲坐在原地哭泣。

人的一生，總有些迷失得想蜷縮在原地哭泣的時候；或是原本努力過著生活，卻突然失去動力——這就是「倦怠症」。倦怠症，指的是因為精神、身體的疲勞，而出現無精打采症狀的心理學名詞，也會伴隨產生憂鬱症、自我厭惡等其他多樣症狀。當本來專注埋首於某件事的人，隨著能量的突然耗盡，開始陷入極度沒有活力的狀態，即可視為「倦怠症」。大多出現在承受過度壓力、花大量時間努力卻無法得到等值回報而感覺挫折時；另外，遭遇家人或親近的人過世等情形時，也可能是造成原因之一。

實際上，「無精打采」可以被解釋為放棄一切時出現的狀態。當認為再多的憤怒也沒有用時，便會選擇以無精打采的方式度過眼前的路。一旦陷入無精打采的狀態，不僅人生會變得無趣，也不想做任何事，絲毫沒有活下去的動力。偶爾也會因為設定的目標太高，反覆經歷再多努力也起不了作用的情況後，而開始垂頭喪氣。我們班上的同學F因為自己已經非常認真準備考試，成績卻仍然不見起色，於是又開始在上課時間睡覺。從小開始反覆遭受挫折的經驗，最終讓人不得不選擇過著無精打采的人生。

看在年屆四十以上的父母或老師眼中，青少年似乎太容易放棄了。儘管大人們也為此感到鬱悶，但孩子們的心難道就很好過嗎？

學校應該是讓孩子快樂的地方。如此一來，他們才能體驗一起學習與成長的樂趣。我們必須先努力改變現有的教育體制，拋開填鴨式教育，採用可以讓孩子發表想法的教育課程。等到營造出能讓學生們慢慢閱讀、思考、暢所欲言的環境後，才能克服無精打采的狀況，以及培養出懂得解決「沒有正確答案」的問題之人才。

如果能給我一個願望，我希望以後能聽見那些無精打采的孩子們的故事。我想要聽聽他們究竟經歷什麼樣的生活，才變得如此垂頭喪氣，並加以協助。根據各自不同的原因，我會努力地給予某些孩子鼓勵與支持，協助某些孩子打造願意接受過錯的環境等各種合適的方法。大人理應先挺身而出，幫助青少年恢復內心的彈性，並品嚐成就感的滋味。

假如現在的我，遇見當時高中時的自己，我想告訴自己：「沒關係，不要擔心。你會健康長大，然後過著幸福的生活。所以犯點小錯也沒關係，成績變差也沒關係。謝謝你一路堅持到了現在。」

如果不能讓孩子感覺家是溫暖的地方，那麼就是父母的錯，更是父母有所不足的證據。

——華盛頓・歐文（Washington Irving）

再沒有比愛
更溫暖的東西了

少年納西瑟斯（Narcissus）從小俊美至極，每個見到他的人都不禁讚嘆。一直自滿於自己是世上最美的他，對任何異性都毫無興趣。隨著時間流逝，當他長成更加好看的青年後，有無數女子向他求愛，都通通遭到拒絕。無論是人類或女神的告白，個個無功而返。

某天，因為被拒絕而感到受傷的女神之一決心要向納西瑟斯報仇，給予他應有的懲罰。原本在森林享受打獵的納西瑟斯，為了喝水走向小池邊。當他見到池面倒映的樣貌時，竟忘記了那是自己，而將其稱為「精靈」。深深著迷於池中精靈的納西瑟斯，為了親吻精靈而不斷接近池面。奇怪的是，只要他一靠近，精靈就會立刻消失。於是，精靈一次又一次地現身、消失。如此愛戀自己的納西瑟斯，就此呆坐在池邊，直至死去。後來，在他死亡之處開出的花便被稱為水仙花（narcissus）。

這段源於希臘神話的故事，也是精神分析中以納西瑟斯命名「自戀」（narcissism）的由來。

無法愛自己以外的他人之悲劇，不只出現在神話故事裡。現在也能見到不少報導關於知名政治人物或企業家、藝人等，都有「眼中只有自己」的行為。即使在與父母、配偶、朋友、同事的關係中，也出現類似情況。

這些情況固然不一定都是由自戀引起，卻可視為深受童年在成長環境經歷的匱乏（privation）影響。小時候沒有從父母身上得到愛與肯定的創傷，就算長大成人後，依然會對生活造成影響。不過，對愛的匱乏也會成為一個人成功的動力。原因在於，這些人為求得到來自周圍的認同與稱讚，會鍥而不捨地努力。雖然他們會為了獲得耀眼的成果而努力，同時卻也認為一切都只在於結果。因為對他們來說，別人如何看待自己才是最重要的。

我曾遇過一位出身明星大學，並且是社會成功人士的三十多歲女性。她不僅是相當會讀書的模範生，更是從小開始負責處理家裡的大小事，罹患憂鬱症的母親也很以身代父職的女兒為榮。然而，她卻經常為莫名的憤怒所苦，內心也因此飽受煎熬。儘管周圍的人無一不羨慕她，但真正的她卻是不幸的。別說是男朋友了，甚至連跟好朋友相處幾小時，都會讓她感到不自在。

她從小便沒有在父母身上得到愛與肯定。不關心家庭的父親，三不五時就往外跑；而母親則總是一臉呆滯地哭泣。對著忽視妻子的父親，以及憂鬱、情緒起伏嚴重的母親，她始終無法表達自己的想法，反而還得不停觀察父母的心情。為了贏得父親的肯定，為了讓母親的心情變好，她拚命讀書，焦慮地擔心自己的成績下滑。即使內心怨恨父母，但越是如此，就越努力想討好父母。儘管長大成人，她依然過著一邊迎合別人，一邊暗自感覺委屈的人生。對她來說，與人相處真的是件很累的事。

一旦因為對愛的匱乏而產生負面的自我形象，就會認為自己是沒有能力、微不足道的存在——得不到愛，也是理所當然的。當有人稱讚或祝賀自己時，總會感覺難為情，並拒絕受到矚目與尊重。

我正是如此。學習心靈課程時，我認識了輔導師O。當時的我，無法接受任何稱讚。如果有人稱讚我，內心就會覺得不自在，然後想立刻逃離那個場合；如果有人注視我，整個腦袋就會變得一片空白，然後不由自主地開始語無倫次，甚至連聲音都會微微顫抖。輔導師O對著滿腦子全是複雜想法的我，展露溫柔的微笑。看著輔導師的模樣，我的心也在不知不覺間變得放鬆。

輔導師O的年紀比我大很多。經過三年間一起學習心靈課程的我們，漸漸成為彼此的朋友。即使家庭背景不同，但或許是小時候沒有體會過「愛」的緣故，讓我們有了相似的想法與感覺。總是在觀察他人臉色、表達不出自己該表達的話、置身被注目的場合時壓力很大、接受稱讚會感到難為情等……我們分享著彼此的人生。

第一次見到輔導師O時，是在她離婚之前；當時的情況是她雖然想離婚，卻怎麼也提不起勇氣。我從旁看著她隨著內在力量變得強大，終究選擇了去做自己真正想做的事。時而自責，時而跌倒，卻依然能在撢一撢身體後重新起身。現在已經順利離婚並開始經濟獨立的她，坦然過著屬於自己的人生。

輔導師O的父母現在很愛她。世上哪有不愛子女的父母？不過，輔導師O語帶嘆息地說道：

「如果小時候媽媽能給我溫暖的擁抱與肯定，想必我就能更珍惜自己一些，過上更幸福的生活……」

吃飯、睡覺是人類最基本的需求。渴望被愛，同樣也是最本能的欲望。即便父母不完美也沒關係，只要讓子女感受自己是被愛與受歡迎的存在，已經足夠讓他們覺得幸福。

有些孩子因為父母過世、離婚、疾病等原因，不得不與他們分開生活；有些父母就算一起生活，也因為維生困難而不懂得如何愛子女；也有些父母因為太愛而不停嘮叨，過度控制孩子的行動。儘管所有父母都愛孩子，卻也有些父母將孩子當作滿足私欲的手段。只是，真正的愛是伴隨責任的。無論是優點或缺點，都要接受孩子的原有樣貌。如果只喜歡孩子的優點，那便不是真正的愛。

不被愛的經驗，冰凍了孩子的心。為了保護自己，他們選擇緊閉心門，躲回自己的繭裡。即使已經到了現在，也該試著向他們展現溫暖的心。對孩子說一句飽含愛意的話吧！當內心充滿了愛，眼神自然變得不同。溫暖的愛，可以融化冰冷的心。唯有心門被敞開後，才能擁抱他人。關懷孩子，是你我被賦予的責任；父母，是幫助孩子開花盛放的園丁。

Chapter 2

為了培養孩子潛力的視線高度心理練習

我們必須透過這面名為「父母」的鏡子，讓子女感覺自己是個珍貴的存在；我們必須在日常生活中讓子女明白「我們多珍惜自己，別人就會多珍惜我們」的事實。同理型父母，往往很清楚子女的心理狀態，原因在於平常就能維持良好的溝通。

對疲憊的孩子而言，需要的是「同理心」

教室裡，總有幾名老是趴在桌上的孩子。通常是聽課聽到一半忽然發睏才會趴下來，但其中有些孩子甚至已經到了無從得知究竟是何時睡著，才有辦法睡得那般深沉的程度。我私下邀請了一位一到上課時間就睡覺的孩子，過來與我談談。

「你上課時常在睡覺，最近很累嗎？」

「對，有點累。」

「我想知道你覺得累的原因，可以告訴我嗎？」

「就……沒什麼特別的原因，就是不想來學校。」

沒什麼特別原因，但對生活毫無動力，除了讀書，也沒有動力參與任何活動的學生，已經越來越多。上課時間總是睡覺或趴著的學生們經常不舒服，也總把「很累」、「不想」之類的話掛在嘴邊。聽到這些話，每每令老師感到洩氣。

與父母們對談時也是出現類似的內容。父母表示無法理解孩子們為什麼會這樣，為此很是鬱悶。明明該是認真讀書、準備未來的年紀，卻總是無精打采的模樣，看得父母內心萬分焦急。

這些孩子們從一開始就這樣嗎？我認為大部分不是。是因為面對自己必須被強迫做些不願意做的事的現實，由起初的憤怒轉為疲憊，最後為了不想受傷，只好選擇變得無精打采。

如果與高中生們相處過，會發現他們身上背負許多一直以來累積的創傷。有些孩子因為近在眼前的入學考試壓力，變得更加徬徨，甚至開始棄置自己。他們的日常生活猶如抱持「船到橋頭自然直」的茫然念頭，任由自己成為迷失方向、隨波逐流的船。我與上課時間不是趴在桌上，就是和朋友閒聊的Y談了談：

「最近過得好嗎？」

「嗯。有什麼事嗎？」

「我看你上課時間好像不太專心……」

「喔，我本來就這樣。」

「是喔？上其他課也是這樣嗎？」

「也有不是那樣的時候啦，但大部分是。」

「原來如此。在學校的時候，常常覺得心很累吧？」

「嗯，有一點（笑）。」

「從什麼時候開始的？」

「國中的時候。」

「看來過去幾年的學校生活都很難熬吧？」

「……對（低下頭）。」

「小學的時候呢？」

「那時候真的讀了很多書。」

「哇！真的啊？看你現在的樣子，實在有點難想像耶……」

「我差點以為會死掉。」

「『很多』是多少呢？」
「讀到半夜兩點。」
「這麼厲害！大概都讀幾個小時？」
「從補習班下課回家……大概是七點。吃完飯馬上開始讀，一直讀到半夜兩點。」
「這樣持續了幾年？」
「從四年級到六年級。」
「讀成那樣的原因是什麼？」
「怕媽媽。只要我一睡著就會狂打我，然後不讀書的話，也會一直被罵，所以覺得很可怕。」

隨著升上小學高年級，Y確實該多花點時間讀書。只是長達三年時間都在書桌前坐到半夜兩點，該有多辛苦啊？再加上讀書的動機居然還是「可怕的媽媽」，實在令人心酸。

後來成為國中生的他，索性放棄讀書，直到現在。現在要他在書桌前坐一小時都很難受，如果是為了讀書，甚至還會感覺憤怒。對這樣的Y來說，一堂五十分鐘的課，無疑是酷刑。

Y與我聊完後，回家跟媽媽說：

「媽，我小學的時候不是都讀到半夜兩點嗎？那時候真的太辛苦了，當時的我其實只想要盡情地玩。」

我為終於鼓起勇氣坦白內心的Y鼓掌。儘管媽媽無法立刻同理他的心情，至少Y願意誠實表達一事，已成為解決問題的開端。

當時的他，究竟有多麼想要好好地玩？不知是否因為如此，現在的Y天天都和朋友們在走廊、操場玩鬧。從某個角度來看，光是他願意按時到學校上學、上課時間坐在教室裡，其實已經很乖了。壓抑著內心的憤怒、絕望、煩悶，一直撐到了現在……

Y的媽媽為什麼要這樣要求他讀書？沒錯，因為愛他。逼著已經累得身體東倒西歪的兒子苦讀到半夜兩點，對媽媽來說又該是多難受的事呢？我們必須肯定媽媽的這份愛，但表現愛的方式，實在令人遺憾。

Y的媽媽是指令型的父母。指令型的父母很難與子女溝通，因此也很難幫助子女成長。原因在於，這種類型會強迫子女做父母曾經想做的事、認為重要的事，而不是子女自己想要或需要的事。像是以前沒能好好學鋼琴的媽媽，不問女兒意見，從小就把她送去鋼琴才藝班，並且對著不想去學才藝的女兒說：

「你要覺得感激！媽媽小時候想學都沒得學。你知道鋼琴有多重要嗎？」

等到邊哭邊學才藝的女兒到了青春期，又要她拋下鋼琴。畢竟，也不可能一輩子都坐在鋼琴前。

為了對心愛子女的成長有所幫助，我們必須成為輔導型父母，也就是懂得說出富同理心言語的同理型父母。這裡說的不是要各位放任子女不管的意思。平時該多聆聽子女說話，並給予同理、肯定。透過良好的提問與回應，引導子女做出選擇，然後協助他們為自己的選擇負責。只顧讓他們吃飽、穿暖、補習的，不是父母應有的角色。

我們必須透過這面名為「父母」的鏡子，讓子女感覺自己是個珍貴的存在；我們必須在日常生活中讓子女明白「我們多珍惜自己，別人就會多珍惜我們」的事實。同理型父母，往往很清楚子女的心理狀態，原因在於平常就能維持良好的溝通。此外，最好也能讓子女見到父母彼此尊重、相愛的模樣。光是這點，已足夠讓孩子的成長過程充分感覺到安心。

原本老是沒來由地教訓孩子的各位，從現在開始成為同理型的父母，然後好好培養孩子的「內在能量」。為了培養內在能量，必須經過一些訓練，也就是無論置身何種情況都能發現積極面，以及找出值得感激之事的訓練。起初或許有些難，但成為習慣後就會變得簡單。首先，必須讓孩子知道他們的內在擁有能量一事。

強風吹襲時，抗衡硬撐的樹木會斷裂，唯有迎合風向擺動後重回原位的樹木，才能把根扎得更深。這就是內在能量，也是復原彈性。人生在世，隨時都可能遭遇煎熬、悲傷的事。這些時候，應該從中找出值得學習與積極面對的部分，而不是灰心喪志、停在原地。這一切，都是人生的養分。

我們來看看關於兩位人物的故事。

留下《賣火柴的小女孩》與《醜小鴨》等著名童話的安徒生，從前是極度貧窮與飽受壓迫的受虐兒童。功成名就後的他，曾在訪談中說道：

「因為貧窮，我才能寫出《賣火柴的小女孩》；因為長得不好看，我才能寫出《醜小鴨》。」

田徑選手兼演員的艾米．穆林斯（Aimee Mullins）因為先天畸形，打從出生便沒有小腿腓骨。為了讓身體適應義肢，一歲時做了截肢手術，切除膝蓋以下的部分。被選為「世界五十大美麗女性」的她，實實在在為所有身心障礙者帶來夢想與希望。

一九九六年，仍是大學生的艾米．穆林斯裝著義肢參加奧運，創下世界新紀錄——用十六秒跑完一百公尺。

二〇一七年三月，艾米．穆林斯在「TED」演講中，強調她不認為自己有什麼障礙，而截肢更是帶給她將不可能化作可能的力量。她說自己想表達的，不是就算有障礙也能成功，而是慶幸障礙讓她成為了超級巨星。

上述的例子，帶來什麼樣的哲理？——不為苦難屈服，重新站起來前行。萬一安徒生或艾米．穆林斯僅是默默接受自己的缺點或障礙，毫不作為地當一個平凡人的話，他們的故事也不可能流傳至今。

最重要的不是與生俱來的能力，而是不願放棄的力量與韌性。因此，現在當看見孩子不足的一面時，只要好好肯定他們原有的樣貌，然後成為幫他們將這些部分發展成優勢的協助型父母即可。

同理型父母能賦予子女新生命。藉由以積極正面的方式看待自己的父母，理解「光是自己存在就已值得珍惜」的子女，能擁有高度的自尊感。因為對自己的珍惜，也會清楚如何為自己做選擇。儘管失敗了，也能重新站起身。因為，這些孩子擁有懂得給予自己肯定與稱讚、鼓勵的父母。

孩子最想聽的五種話

韓國JTBC播映的電視劇《天空之城》，其收視率由一％一路飆升至二十四％作收。而在播出期間，也引來各方對劇中角色的聲音模仿、諷刺改編等，無疑是當時最高人氣的話題之作。內容是關於占據韓國金字塔頂端〇．一％的成功專業人士，為了將自己的財富與名譽、權力傳承給下一代，無所不用其極的故事。

以超乎想像高價聘請的升學指導員一角，尤其令人震驚。劇中，有些媽媽將子女的快樂視為第一順位，有些媽媽則拚死拚活只為讓子女考進首爾大學。其實，許多父母都對不擇手段逼迫子女的主角很有共鳴。儘管不像劇中花那麼多錢，但多少都抱持著希望子女能好好讀書的心態——因為對父母來說，「這是為了孩子好」。想當一個優先重視孩子快樂與否的媽媽，在現實生活中並不簡單。看著這齣電視劇，我再度浮現「絕對不能因為父母的欲望而犧牲孩子」的想法。

對父母來說，子女是什麼樣的存在？想必是珍貴得不願他們受到絲毫損傷，只想盡全力去愛與守護的存在。然而，當聽見自己為了孩子竭盡全力，實際卻逼得孩子喘不過氣的故事時，往往令父母感到挫折與憤怒。

我認識一位畢業於首爾明星大學，後來任職證券公司的前輩。某天接到前輩的電話，他表示自己已經離開原本上班的公司，決定開始準備司法考試。我很訝異，也很好奇他為什麼會突然辭掉那麼適合的工作。他說：「爸爸以前的夢想是成為法官，希望我趁年輕替他完成夢想，然後出人頭地。」前輩為了代替父母完成夢想，住進了考試院*。不過，讀書並沒有那麼簡單。三年後，我聽到前輩待在比之前公司規模更小的公司工作的消息。

近來，孩子們早在讀幼兒園前，就得成長在由父母選擇的教育之下。就算到了該重視找出自我主體性的青少年時期，也是天天往返於補習班與圖書館。「你要先把書讀好，以後才能選擇自己想做的事。」孩子們聽著父母說服自己的言論。

可是，等到真的進了大學，卻有不少青年迷惘著不知道自己究竟該做什麼。有些上班族，則是在好不容易找到迎合父母目標與期待的工作後，開始對自己的人生感到懷疑。除此之外，甚至還有些徬徨的大人是在上了年紀後，才重新思考起「我是誰？」、「我想過什麼樣的生活？」、「我究竟是在朝著什麼樣的方向前行？」。

子女不是父母的所有物，不是父母用來代替重啟理想人生的存在。小時候環境不允許好好求學的父母，想盡辦法要求子女多讀點書；小時候沒能學畫畫的父母，想盡辦法教會子女繪畫的方法；小時候沒有一頓飽飯吃的父母，想盡辦法餵子女再多吃點。然而，卻不知道子女最喜歡的究竟是什麼。

＊譯註：韓國特有的租屋型態。內部空間簡陋且狹窄，租金相對便宜，租客多為應考考生。

父母對待子女時，不該將自己童年時期的需求投射在他們身上。孩子有屬於他們自己的世界。他們會在自己的世界，孕育自己的夢想。每個人都該擁有不同的夢想。孩子是父母以外的另一個獨立個體。當一個人的存在本身已能獲得尊重時，自然就能得到以原有樣貌活下去的力量。父母的期望，就在父母的人生完結。不要因為父母的痛苦，而毀滅孩子的世界。

父母找出自己過去曾經想要的是什麼、小時候無法得到滿足的需求是什麼，是很重要的事。儘管到了此刻，依然可以為了那個夢想努力——不是子女，而是父母自己。如果已經太遲了，那就送走舊的夢想，擁抱新的夢想。父母應該要有智慧去區分現在「該做的事」與「放下的事」，也要有能力去辨別究竟是「父母的需求」還是「孩子的需求」。

韓國青少年NGO團體「防止青少年暴力基金會」於二〇一五年做了一份問卷調查。調查團隊問青少年「最想從父母口中聽到什麼話？」結果如下：

第一名是「我愛你。」當我們愛著彼此時，會接受對方的一切。子女正是希望自己原有的樣貌也能被愛吧？父母不要再費心力將子女改變成自己期待的樣子，而是對著他們原有的樣貌說聲「我愛你」。

第二名是「沒關係，辛苦了。很累吧？」安靜等待，然後說聲「沒關係。」不要只會好奇考試成績，先說一句「辛苦了。」成為同樣重視過程與結果的父母吧。

第三名是「謝謝」。很多人在子女還小的時候會常對他們說「謝謝你的出生」、「謝謝你好好長大了」等。可是，隨著子女越長越大，父母卻漸漸用「你要做得更好」的鞭策，取代「謝謝」。子女光是存在本身，不已是值得感激的事嗎？因為有了子女，父母才得以成長。現在就開始，對著子女值得感激的地方說聲「謝謝」吧。

第四名是「對不起」。如果將子女視為獨立個體，即使身為父母，也該在自己做錯時立刻說「對不起」致歉。必須拋棄「不用說也知道吧」的思想，然後用心詢問子女的想法，聆聽子女的話，並尊重子女的一切行為。

第五名是「我很想你」。從小維持良好的溝通，才能在青春期也能好好表達彼此的情緒。首先由父母試著表達，假如很難用說的，也可以改以牽手或擁抱。表情或眼神，也是表達愛的方法。用傳訊息的方式也無妨。

如果用一句話總結孩子想從父母口中聽到的話，那就是「請愛我並尊重我原有的樣貌！」每個人從出生開始，都有著自己希望如何生活的本性。各自擁有自己的色彩，沒有好壞，只是不同。只要懂得認知他人是與自己不同的存在，內心自然就能自在許多。

孩子也是一個獨立的人，有自己獨有的思想和價值觀。父母應該去好奇孩子究竟擁有什麼想法與價值觀，若以自己好像什麼都知道的姿態妄下判斷、命令，只會瞬間切斷彼此間的關係。從「無」的狀態開始，一點一點傾聽吧。十多歲的孩子，往往不太清楚自己的心，而是在邊獨自安靜思考，邊與他人溝通的過程，漸漸明白自己究竟是什麼樣的人。因此，我相信抱著尊重的心，慢慢與他們溝通，就是最快的捷徑。

面對因準備報告而緊張的孩子，父母應該說的話

有一位男子，他的母親是聾啞人士，妻子也是聾啞人士。受到過去曾是教授聾啞人士發聲方法的父親影響，他開始學習聲學，並且教導聾啞人士說話的方法，以及讀他人唇語的方法。後來更成為了波士頓大學的發聲生理學教授，持續鑽研關於聲音的研究。

某天，他遇見一位因為障礙而看不見、聽不見、說不出聲，卻極為聰明的女孩。他為女孩介紹了家教老師，而後也像監護人般照顧著她。他鼓勵她不要放棄生命，並且給予不間斷的支持，始終陪伴著女孩，為她加油打氣。

這是發明了電話的亞歷山大．貝爾（Alexander Bell）與海倫．凱勒（Helen

Keller）的故事。後來，海倫．凱勒曾說：

「貝爾老師將我與其他人看作同樣的人，從未認為我是需要憐憫、可憐的存在。」

正如海倫．凱勒所言，貝爾沒有將她當作身障者看待，而是像在對其他人一樣，尊重她是一個有潛力的人。即使有著看不到、聽不到、說不出話的弱勢，她卻用自己的人生，身體力行地向所有人展現何謂勇氣與希望。

海倫．凱勒的故事傳達了什麼訊息？——只要不將缺點視為缺點，不屈服於缺點的話，人勢必能成長為更加偉大的存在。我們平常總會無意識地聚焦在自己的缺點。於是，瞬間就會覺得缺點被放得很大，而自信也隨之消失。

有次，我在社區遊樂場和一位育有十多歲子女的母親聊天。

「一個高中生不好好讀書，整天懶懶散散的……真的很擔心。」

「一定很擔心吧？孩子有沒有什麼做得比較好的地方？」

「嗯……沒什麼特別的。」

「孩子一定有喜歡或擅長的東西，要不要再想一想有什麼？」

「（想了很久後）啊！他很熱情，因為他滿喜歡跟人相處的，然後也會幫忙做家事。」

「男孩子會這樣做很難得啊，看來媽媽生了一個好兒子。還有沒有其他呢？」

「他喜歡運動，所以體能滿好的，然後遇到自己喜歡的東西，就算不要求他做，也會做得很認真。」

「有很多優點耶！所有孩子都是討厭讀書，然後覺得讀書很累的。每次見到孩子努力的樣子，或做某件事做得很好時，請立刻給他鼓勵。」

「我會努力試試。」

經過一段時間後，我們又偶然相遇了。我開口詢問她的近況。

「孩子說他想去圖書館，我就幫他申請了。雖然不知道能維持多久，姑且陪著他吧。」

儘管嘴巴上說著擔心不知道孩子能不能做得好，但自從了解孩子積極的一面後，媽媽的模樣明顯比上次來得更有活力了。

不久前，有位學生來找我。他表示平時都能大方表達想法的自己，每次到了上台報告的時候，就會手腳發抖、腦筋一片空白。做好準備時如此，沒做好準備時，身體甚至僵硬得動不了。

早在上台報告前，心臟會開始跳得很快，然後手心不斷冒汗。邊想著「快輪到我了……搞砸的話，怎麼辦？我只要一緊張就會連話都說不好……」邊雙腿發軟。接下來，腦袋陷入一片空白，絲毫不知道究竟該怎麼走上台，甚至連該講什麼都想不起來。一次又一次地重複這樣的模式……無論多認真準備，每次卻都因為緊張與恐懼而做不好報告的他，心裡該有多悶啊？

這位學生在小學時期，曾有過在同學們面前報告卻搞砸的經歷。此後，他就被困在「非做好不可的心態」、「不能失誤的壓迫感」之中，搞得自己越變越緊張。每次遇上了必須在許多同學們面前報告的情境時，他總是緊張與恐懼得瑟瑟發抖。不知從何時開始，這件事變成了他的缺點。不過，換個角度想，可以得知他每次報告都會覺得緊張，也是源於想要做好報告的心。如果能掌握這樣的心情，並給予鼓勵的話，孩子的缺點便不再是缺點。

不少十多歲的孩子皆因飽受自己的缺點壓迫，而無法發揮潛力。儘管有辦法做得很好，也會深陷在「我做不到」的思想中。此時，父母應該如何給予幫助呢？

首先，必須先確實了解子女的優點與缺點是什麼。多數的十多歲子女不會先開口向父母傾訴自己的難處，因此父母平常就得專注地觀察才行。

當子女做某件事時總能順利無阻，意味他們對此抱持自信；當子女做某件事時顯得猶豫或找藉口逃避、表情不好時，意味他們對此沒有自信。由於人很難在認知為自己的缺點之事上獲得好的成果，所以父母應該幫助子女改變他們看待自身缺點的負面觀點。

缺點恰如錢幣的兩面，同樣可以是成長的動力。原因在於，為了克服缺點而努力的期間，往往能促使自己發展得更好。因為消化不良而少吃、服用健康食品的人，甚至能長壽直至一百二十歲。而我同樣也是因為難於處理對人關係與溝通，才開始學習心理學；在這段過程中，不僅自己成長了，同時也成為協助其他人成長的輔導師。

試著和子女聊聊他們失敗與挫折的經驗，藉此找出子女得以從中學習與成長的部分。當子女失誤或失敗時，父母的反應相當重要。假如是以不滿的表情與眼神訓斥或責備，子女便會無意識地萌生「絕對不可以犯錯」的觀念。為了不犯錯而開始拚盡全力的瞬間，也隨之帶來了緊張與不安。

當見到子女身上的缺點時，試著將其視為「學習的機會」、「成長的機會」，然後理解孩子期盼自己能做好的心態。報告時會發抖、恐懼的原因，在於想做好這件事的渴望，以及希望得到他人肯定的心態。這樣的心態，有助於子女的成長，因此必須了解子女的內心，並安撫他們「看得出來你真的很想做好，真的很想得到大家的肯定。」

如果想改變對缺點的負面認知，必須協助子女多多發掘自己的優點。比起正面的事物，人們更容易集中於負面的事物。這樣的想法，與生存本能有關。萬一只是放任子女孤軍奮戰，他們很容易就會變得專注於負面事物與缺點，而錯過發揮自己如至寶般的優點。

試著回憶子女迄今好好堅持並克服艱難狀況的經驗。如果試著將一些微不足道的小事都寫下來的話，會發現類似的經驗比想像中多。尋找子女的優點時，想必也會因為想起「還算滿乖的啦」感覺滿足。而這個想法的能量，也會絲毫不差地傳達給子女。

「○○，你小學二年級時因為老是跟同學吵架，所以常被老師罵，可是上了三年級後，卻和同學們處得很好耶，媽媽很替你感到驕傲。」

「○○，你記得自己剛開始學游泳的事嗎？又哭又鬧著不要下水……現在連蝶式都學會了吧？真的好棒！」

「剛轉學來的前幾天，你不是一直說要回以前住的地方嗎？謝謝你大概經過一個月就適應了。看著交了新朋友，又很享受校園生活的你，真的讓媽媽鬆了一口氣。」

如果想不太出來，可以嘗試直接問子女，然後一起找出答案。邊與子女討論一些成功的案例，邊試著這樣提問：

「你有沒有什麼熬過難關的經驗呢？」

「有辦法完成那件事的祕訣是什麼？」

「有辦法完成那件事的你，是個什麼樣的人呢？」

透過對話，讓孩子發現克服困境的自己的韌性、認真、耐性等內在力量。若父母能與子女進行類似的對話，子女便能擁有積極正面的自我形象，並且重新發掘自己的優點。

如果現在聚焦於子女的缺點，那麼眼中只會看到缺點。父母應該將焦點放在子女的優點才對。當聚焦優點時，缺點便會消失。以言語與行動肯定、支持子女已經做得很好的部分吧。

試著向子女表達他們是多麼偉大的存在，以及協助他們從極小的事體驗成就感。每做一次，都能讓孩子體悟自己究竟是多麼有價值與珍貴的存在，因而開始發現與發揮自己潛在的優點。如此一來，連缺點也會成為推進子女成長的動力。

曾經有個孩子原本講話很會結巴，後來他人旁敲側擊後，才知道正是他的媽媽幫他調整了這個被視為「缺點」的問題。每當孩子講話結巴時，她便會說「你是因為頭腦好才會那樣」、「只是因為舌頭跟不上聰明的頭腦」予以鼓勵。於是，不僅讓孩子完全不會對自己結巴感到不好意思，同時也讓孩子產生了自信。

這個由媽媽展現溫暖的鼓勵與支持、尊重的力量的例子，正是美國GE前執行長傑克．威爾許（Jack Welch）的故事。萬一媽媽當初是責備他結巴的話，孩子便只會因為自己的缺點被放大而變得畏縮，完全無法讓情況有所改善。

這個故事能為因子女問題而動搖的父母帶來絕對的信心。孩子不會因為父母的強迫與嘮叨而長大，唯有在父母百分百肯定與尊重孩子的思想、行為、情緒時，才能發現他們的潛力。

父母與孩子都該好好認識自己

意指「當了解自己也了解別人時，打一百場仗就能贏下一百場」的「知己知彼，百戰百勝」，源於中國戰國時代的兵書《孫子兵法》的「知彼知己，百戰不殆」，意即「如果對敵我都瞭若指掌時，百戰也不危殆」。簡單來說，也就是在充分清楚對方與自己的優、劣勢後，得知自己握有勝算時，就一定可以取得勝仗。

不只是打仗，人生在世，了解自己是什麼樣的人也很重要。必須確實掌握自己的身體、情緒、態度、行為、思想、能力、選擇、需求、限制等；必須明白自己此刻置身何處，將朝著什麼方向前進；必須用自己的聲音，說出自己原有的樣貌。

儘管到了高中二、三年級，依然有不少學生對未來感到迷惘。

「我不知道自己喜歡什麼。」

「老師覺得我是什麼樣的人？」

聽到這些話時，總是令我很鬱悶。不過，其實求學時期的我也和這些孩子們一樣。說不出「我究竟是什麼樣的人？」、「喜歡什麼？」、「想過什麼樣的人生？」甚至一次也不曾認真思考過。不，反而應該說是為了不想負責，而逃避選擇、歸咎環境，邊怪自己的父母或老師，邊不願主動做出選擇；東找西找一堆藉口，然後什麼也不做。雖然這麼做，生理上覺得很自在，卻也同時錯過了成長的機會。最重要的是，我完全不知道自己究竟是什麼樣的人。

長大成人後，才猛然意識到「我根本不了解自己」的事實。邊閱讀，邊觀察自己的心；邊與他人對話，邊釐清自己的思緒；邊檢視自己的情緒，邊一件件地發現自己的喜惡。於是，我寫下專屬於自己的人生目標清單，開始挑戰新事物。

於韓國EBS電視台播映的紀錄片《學校是什麼？》中，為了探討位列前段○．一％的學生與一般學生有什麼差異，做了一項實驗。實驗團隊向學生們展示數個英文單字後，要求他們寫下記得的單字；而在此之前。則須先說出自己記得多少個單字。一般學生說出自己記得的單字數，與實際記得的單字數相距甚遠；而前段〇．一％的學生卻幾乎零誤差。因此，可以得知這些學生的後段認知（Meta-cognition）＊偏高。

後段認知是管理自己思考的能力。換句話說，即是於認知過程感知自己懂或不懂。由於後段認知高的孩子能明確知道自己的優、缺點，自然有辦法自己想出發揮優點與改善缺點的方法。

因此，子女的後段認知越高，對生活的滿意度也會隨之提升。又或者說，當孩子感覺讀書很難、人際關係很棘手時，就該提升他們的後段認知。既然如此，父母與老師又該怎麼做呢？

首先，試著協助孩子確實區分自己做得到與做不到的事。如果孩子訂下過分勉強的計畫時，不妨透過「你很有心想做好這件事耶！想完成的話，大概得花多少時間？」、「要怎麼做才能照計畫實踐呢？」等問題，幫助他們重新檢討。原因在於，擬定可以耐心、堅持完成的計畫並付諸實踐，比什麼都來得重要。

擔任導師時，一眼就能看清學生們的生活模式。學期初時，下定決心要比誰都做得更好，然後努力訂定計畫，卻隨著日子一天天經過，漸漸看不見他們臉上的活力。藉由與學生們的對談，便能找出其中原因。一旦無法實踐密密麻麻的計畫，每次逼近截止時間時，就會開始陷入自責，甚至還會指責自己「你是個什麼都做不好的傢伙！」太過勉強的計畫，多數只會換來失敗與挫折。因此，應該先從認知自己一天究竟能讀多少分量開始做起。與其擬定華麗、完美的計畫，自己有能力且可以完整實踐的計畫才更重要。

如果想要這麼做，平時父母在家就該協助孩子好好理解他們自己的想法、情緒、需求。試著在日常生活中，向孩子提問：

「現在在想什麼？」

「現在是什麼樣的心情？感覺什麼樣的情緒？」

＊譯註：對自己認知過程的思考，其過程包括記憶、感知、計算、聯想等。

「說出來以後，心情如何？」
「你需要的是什麼？」

起初孩子或許會有些慌張或無法回答，但只要繼續接受提問，他們就會在某個瞬間感知自己的想法、情緒、需求，並靠自己找到答案。

想清楚知道「醬油螃蟹」是什麼，就該實際試試這道料理的味道。光靠眼睛看、耳朵聽，任誰都知道醬油螃蟹指的是什麼。然而，若想了解醬油螃蟹為什麼被稱為「偷飯賊」，便得嚐過味道才會懂。唯有雙手沾著醬油吃過後，才能知道真正的滋味。

每天用「我」過生活，並不等於了解「我」。唯有隨著體驗多樣經歷，然後思考、感受情緒、累積體悟，才能懂真正的「我」。

最重要的是，父母必須先提升自己的後段認知，必須先清楚自己究竟喜歡與討厭什麼，必須先分辨自己做得到與做不到的事，如此才有辦法提升孩子的後段認知，才能讓孩子活成清楚自己思想、情緒、需求的「真正的我」，也才能與其他人交心。

試著空出時間，看看自己的心，然後練習客觀地分析。寫下自己的想法與情緒、需求、喜歡與討厭的東西、做得到與做不到的事。藉由這些時間，好好了解自己，提升後段認知，最終才能恢復內心的平靜。

全家人一起坐下來聊聊天吧！

專為媽媽設計的視線高度練習 TIP

提升孩子的後段認知

- 記住「後段認知」是能讓我客觀看到自己的力量。
- 當我客觀看待自己時，不要忘記也可以調整情緒。
- 當孩子的情況不順利時，引導他們說出「我只是還很不了解自己而已。」
- 讓孩子將自己的優、缺點記錄在筆記本上。
- 大聲地說出寫下的內容。
- 等孩子寫完他們自己想聽的話後，認真讀一讀（不是瀏覽式的閱讀）。

接受自己做不好的勇氣

想在與他人相處的關係中，百分百感受與表達自己的情緒相當困難。真心同理他人的情緒同樣也很難。於是，連每天見面的家人的心都不太清楚。有時，甚至令人好奇「交心」是否真的可能。

兩個兒子偶爾會這麼說：

「媽媽根本不懂我的心……」

「爸爸、媽媽都只顧著自己的心想怎麼做……」

自認已經盡力做到最好的我，每次聽到這種話都有種被一擊斃命的感覺。如果想了解孩子的心，究竟該怎麼做？

首先，當孩子表達情緒時，父母必須敏銳地做出反應——只要肯定與正視孩子的情緒即可。

「媽，我現在覺得很煩。」

「你現在很煩啊？為了什麼事呢？」

「爸明明什麼都不懂，就對著我發脾氣啊！」

「原來是這樣……因為爸爸不知道情況就發脾氣，你覺得很委屈、很傷心，是嗎？」

「我討厭爸爸，煩死了。」

「好……你一定覺得心很累。怎麼做才能稍微舒緩你的傷心呢？要不要一起去散散步？」

光是願意閱讀孩子的情緒，並且陪伴在孩子身邊，已足夠讓他們的心變得安穩。當孩子的情緒處在激昂的狀態下，要求他們注意禮貌或訓話，只會讓他們的心變得更激動，而無法做出理性的判斷。其實，孩子本身也不知道自己為什麼會出現這種情緒。由於十多歲的孩子大腦仍在發育中，哪怕只是些許小事，也會惹怒、觸動他們的情緒。此時，父母只要閱讀與肯定孩子的情緒即可。

想讀懂孩子的情緒，父母必須先弄懂「情緒」。

人常在感覺憤怒、恐懼、寂寞等負面情緒時，立刻匆忙地掩蓋。因為沒有面對這些情緒的勇氣，於是逃避，用笑容掩飾、假裝無所謂。如此一來，只會讓情緒殘留、鬱結於內心某處。無論是孩子或大人，累積越多情緒的疙瘩，就會讓內心變得越沉重。假如總是懷抱著沉重的心過著難熬的日常，不妨檢視一下自己是否有鬱結的情緒。當鬱結的情緒被解開並消散後，內心才會變得輕鬆。

為了讓情緒消散，首先要做的是完整地感受情緒。用心充分感受此刻究竟有多恐懼與生氣？究竟有多傷心？流下眼淚的話，也大可盡情地哭；悶到不行的話，也大可叫出聲音。萬一是不能發出任何聲音的情況，用文字寫在筆記本上也會有所幫助。如此一來，心便會在某個瞬間變得豁然。等到情緒散去後，自然會產生擦拭與輕撫傷口鮮血的勇氣。唯有在情緒離開後，才能看見自己需要的究竟是什麼。當填滿自己想要的東西時，就能感受愉悅的情緒。

其實，感受與表達情緒也需要勇氣。即使感覺自己有些不完美，也要有勇氣展現自己。因為感覺羞恥，而擺出防禦姿態與隱藏軟弱，會消耗極大的能量；因為想逃避某件事、為此煩惱與耗費心力，會讓自己變得十分疲憊。正面迎戰，反而才能讓心變得輕鬆。

雖然我本身很有熱忱，但自認是個不完美的父母。儘管教養著兩個兒子，卻始終覺得育兒很難。於是，我閱讀、聽大家的建議，偶爾也會獨自抱頭煩惱、努力。一邊想著自己的童年時期，一邊盡力找出最好的路。

扮演「老師」的角色也依然很難。即便滿腔熱血地想成為好老師、好表率，卻也有著滿滿的苦惱。偶爾不確定自己是否做得好時，我會選擇接受那樣的自己。那就是我啊，不然能怎麼辦呢？時而充滿喜悅與感激，時而喪氣與挫折地結束一天。

我也會在教室裡誠實地肯定與表現自己感受的情緒，不會刻意費心讓自己看起來像個完美的老師。因為我很清楚既然世界上沒有完美的人，努力讓自己看起來完美，確實是太過辛苦的事。

即使是長大成人的父母也該肯定自己原有的樣貌，了解自己沒辦法給孩子「自己根本沒有」的東西。試著虛心與孩子分享自己學習與成長的過程，並且接受、表達自己的情緒；不要忽視自己努力、費心的部分，學習肯定一切，並且承認自己想做卻做不到的部分；接受自己在他人面前感覺羞恥的情況，並且鼓起勇氣與那股羞恥的感覺直球對決。

當父母與老師這麼做時，孩子們也會自然地表達自己的情緒，並鼓起勇氣面對羞恥的感覺；過著理解並正視自己優、缺點的人生，自然地學懂「偶爾不用太努力也無妨」的道理。如此一來，孩子們才能身心健康地成長。

只要控制好情緒，就已經成功一半了

有些孩子會因為在家庭、學校無法控制自己的情緒而感到後悔。想擁有與其他人一起成長的人生，控制情緒的能力絕對不可或缺。有沒有什麼可以讓孩子好好控制自己情緒的方法呢？

第一，協助他們隨時表達自己的情緒。意即讓他們在家裡充分練習誠實地表達「我現在不開心」、「我對於這個決定感到……所以很不舒服」。

第二，與他們一起找出處理不必要情緒或暫時放下的方法。舉例來說，找出像是邊深呼吸，邊平靜內心，或是背誦一些平時喜歡的文句、移動至其他空間等任何適合孩子的方法。

第三，練習思考該情緒是否適合自身所處的情況。有些時候，會為了微不足道的小事憤怒或失望。舉例來說，當有人踩到孩子的腳或講錯話時，試著不要將它想作是應該感到憤怒的事。

第四，幫助他們花時間認識自己的心。平常就有能力將內心維持在平靜狀態的孩子，不會輕易受情緒操弄。

第五，幫助他們享受日常生活中的小確幸。珍惜一早起床喝杯水或看看與家人們一起拍的照片、閱讀十分鐘等日常瑣事的孩子，能時刻感覺積極正面的情緒。

第六，不做不必要的憂慮。我們的思想就像磁鐵，憂慮著發生不幸之事的人，往往就會吸引不幸之事。當憂慮的想法浮現時，只要練習即刻停止，並且在腦海描繪期望發生的情境，便能讓孩子有效控制自己的思想。

第七，認知「情緒就只是情緒」。感覺憂鬱的情緒，不等於孩子的存在令人憂鬱。孩子可以感覺多樣的情緒。只有持續的晴天，終將曬成沙漠。偶爾下雨，偶爾颳颱風，才能滋潤草木生長，豐富大自然。孩子的人生亦然。如果永遠只有快樂的事，人生反而會變得枯燥。當人生能感覺喜怒哀樂時，才變得更加充實。

當負面情緒湧現時，我會開始心跳加速、胸口鬱悶。此時，只要先深呼吸，然後喝一杯水，就能讓心情變得平靜。當心情很好的時候，我會邊踩腳邊大笑；萬一情況不允許我這麼做的話，則會盡情揚起最大角度的微笑。當傷心得腦筋一片空白時，我會用力按壓拇指與食指間凹陷的部分；消化不良時，只要按一按這個位置也會讓身體感覺舒暢。當悲傷得幾乎要掉下眼淚時，便摸摸自己的頭，然後不斷告訴自己「沒關係」。

情緒像火一樣，只要有燃料，就會熊熊燃燒。而情緒的燃料，正是我們的思想。生氣時，必須先好好觀察自己的情緒。很重要的是，接下來要意識自己究竟在想什麼，以及釐清自己究竟想要什麼。

與十多歲孩子相處的父母、老師，尤其應該懂得安撫他們的情緒。有時也會因為孩子們衝動的行為而驚慌，或是無禮的言行而怒火中燒。這些時候，千萬不能隨著名為「憤怒」的情緒起舞，也不能被「那小子究竟是像誰？」、「是把我當空氣嗎？」……等想法搧風點火，必須客觀地觀察自己的心才行。

觀察身為父母的我的思想、情緒、需求後，試著透過言語或文字表達。如此才能將「情緒」與「我」分離，進而產生安撫情緒的餘裕。有了「現在是因為感覺孩子說的話像在輕視我才會心情不好」、「原來我現在是想得到尊重」、「我希望可以在不傷害孩子的心，同時也讓自己心情變好的情況下，處理好這件事」等體悟，自然就能讓暴躁的心緒變得沉靜。

當父母有辦法安撫自己的情緒時，孩子自然就能學會一樣的方法。安撫情緒的力量，能讓孩子成長。協助孩子成為情緒的主人，而非奴隸。孩子可以選擇情緒。當孩子浮現不悅的情緒時，幫助孩子認知那是會很快消失的東西，讓他們知道自己並不是置身於生存受到威脅的情況；教導孩子好好認識襲捲而來的情緒，並做出對自己最好的選擇。

當情緒複雜時，做點運動會有所幫助。讓孩子嘗試自己喜歡刺激身體的哪個部位，透過像是伏地挺身、走路等活動身體的過程，給予孩子自己找出喜歡哪種運動的機會。孩子有能力安撫自己的情緒。如果孩子可以敏銳地察覺情緒發出的信號並加以控制的話，人生想必會變得加倍精彩！

在孩子現在的模樣裡，再加點「還沒」

史丹佛大學心理學教授兼《心態致勝：全新成功心理學》（*Mindset：The New Psychology of Success*）作者卡蘿．杜維克（Carol S. Dweck）發表了「定型心態（fixed mindset）」與「成長心態」（growth mindset）的兩大教育概念。

這個概念分析出人具有不同才能。「定型心態」認為人的才能是固有且不易改變的，恰如天生的外貌一樣，才能也是與生俱來的，意即幾乎沒辦法做些什麼去改變；相反，「成長心態」則認為人的才能像身體肌肉，只要努力就可以變得更好。經過反覆實驗得出的結果，顯示擁有成長心態的學生，成績出現了提升的跡象。

擁有定型心態的學生，幾乎不會於上課時間發問，也不會向老師或同學請求協助。因為對他們而言，這是自己沒有「努力」的象徵。他們相信努力與用心是因為不夠聰明。然而，擁有成長心態的學生，則會抱持著想學習的目標積極提問，並且為了找出新方法而努力。對他們來說，鍥而不捨的努力正是為了更上一層樓的過程。

小時候，大家總是不停拋出問題。為了滿足好奇心，經常積極地探究「為什麼？」然後無限延伸各種想法。據說人在兩歲至五歲間的三年期間，會提出約四萬個問題。假如這種求知的好奇心能維持到長大成人的話，想必能成長不少吧？

很可惜的是，童年時期的好奇心只是暫時的。光是上了高中，已經有不少孩子抱持著「一切都太晚了」的想法。邊背英文單字，邊嘆氣；耗費超過三十分鐘解數學題，便顯得焦躁不安；自覺不可能拿到好的在校成績考上大學，於是不願專心上課。

我向學生們問道：

「大家認為自己是什麼樣的人呢？」

大部分的人先是歪了歪頭。畢竟，為了消化密密麻麻課程的他們，可是沒時間思考這種事的忙碌高中生啊！

「相信自己擁有無限潛力的人，請舉手。」

沒有任何人舉手。對別人明明就不會如此，對自己的分數卻總是給得過於嚴苛。

「想要讀好書，是不是天生就要有讀書的頭腦？」

這些問題，讓學生開始思考他們究竟對自己擁有什麼樣的信念。多數人將自己評為「不夠好的人」。原因在於，他們認為獲得好的在校成績是重要的目標，也是確認自己存在感的唯一道路。

我播了《先別急著當傻瓜》（*Victor, the Fool*）的相關影片給學生們觀賞，是一段關於日後成為國際門薩協會（Mensa）會長沙維特（Victor Serebriakoff）的童年故事。維特當了十七年的傻瓜，因為他一直以為自己的IQ只有七十三。不僅周圍的人都將他看作傻瓜捉弄、輕視，連他也相信自己是傻瓜。結果沒能從國中畢業的他，去了父親任職的維修站工作。直到入伍前，他才知道自己的IQ是一百七十三，隨後便有了驚人的成長。最後，他成為門薩協會的會長，並出版了無數著作。

影片結束後，陷入一陣短暫的沉默。我再次提問：

「大家認為自己是什麼樣的人呢？」

比起與生俱來的才能，更重要的是對自己的信念。對自己擁有什麼樣的信念，將決定自己的命運。看著某些孩子現在的模樣，會發現他們活得像是人生已經走到終點般。請清楚地告訴孩子：「你的人生『還沒』結束，依然是『現在進行式』。」

「還沒」，是個充滿希望的詞彙。原因在於，其中蘊藏著「儘管現在達不到標準，但總有一天能做到」的含意。試著在孩子現在的模樣裡，再加點「還沒」。「只是還沒早起」、「只是還沒專心」……現在的模樣，不是孩子人生最終的模樣。

腦科學家們一再強調大腦的可塑性。當我們的大腦學習新事物、困難的事物時，會變得更聰明。因為當人離開熟悉、安穩的領域，開始向外探索時，腦內的新神經細胞會產生更強的連結。《改變自己大腦的女人：從多重學習障礙到創辦學校的國際教育家》（*The Woman Who Changed Her Brain*）的作者芭芭拉．亞羅史密斯－楊（Barbara Arrowsmith-Young），是克服多重學習障礙後，靠自己站起身的人物。在這段過程中，她提倡「亞羅史密斯原則」。記不住學習內容、經常迷失方向、因無法維持身體平衡而時不時跌倒受傷的她，透過強化大腦的訓練，出現驚人的成長。除了她實際的訓練效果，不少研究結果都證明了無論是學習或運動等，大腦都會在活動過程中生成新的腦細胞。

對自己的正面信念與成長心態有著密切關聯。因為當人自認是擁有成長可能性的存在時，自然就會對自己抱持正面的認知。假如成長心態處在未完成的狀態，很容易就會因為對自己的確信不足而感到不安，或深陷於挫敗感。

還沒替孩子裝上「還沒」的成長心態嗎？既然如此，不妨就從現在幫助他們專心去做當下可以做到的事吧！隨著一件又一件小目標的完成，便會在不知不覺間開始擁有達成大目標的成長心態。希望孩子成長，重要的是現實的實踐。

許多人熟知的「聖地牙哥朝聖之路」，是從法國南部的聖讓皮耶德波爾出發，翻越庇里牛斯山，再至位於西班牙西北部的聖地牙哥，一段長達八百公里的路程，卻處處可見東方人。由於必須耗時一個月，無論在體能或精神上都絕非易事的路程，依然吸引不分男女老少的亞洲人參與。若想走完全程，必須好好地走完每一天。最重要的是，只要走了一天又一天，便會在某個瞬間驚覺自己已經抵達了目的地。

試著和孩子聊一聊「到了人生的最後一刻，希望自己是以什麼模樣闔上雙眼？」然後聽聽他們的原因。務必記得，你我都是擁有無限可能性的存在，並且有能力持續地成長。

我希望自己遇見的孩子們都能夢想著偉大的夢想，不要侷限在自己現在的模樣，而是盡情懷抱對無限宇宙的夢想。只要好好掌握方向，想必就能過著漸漸接近自己目標的生活吧？別再將相同的標準套用在不同的孩子身上。各自裝上適合自己的成長心態，無論現在置身何種狀態，只要為了找出方法而努力與實踐，相信終有一天能夠變得更好。

孩子擁有的是定型心態，抑或是成長心態呢？幫助孩子明白自己可以不斷成長，邊體驗隨著成長帶來一點一滴的自信，邊享受人生的樂趣。透過錯誤，孩子會學習與改善，努力與耐性將使孩子的人生發光發熱。請相信孩子正在成長，相信孩子終將跳脫現況，蛻變成最好的模樣。

認為孩子頭腦不好，是個錯誤的想法

我是時常虎頭蛇尾的人。起頭的時候轟轟烈烈，結尾卻不了了之。開始一件事時，在悸動與期待的同時，內心一隅也會浮現這樣的想法：

「硬要做這件事……會不會最後只換來罵聲？」

小學三年級時，我曾代表學校參加田徑賽。在預計選出前兩名選手進入決賽的百米賽跑中，我得到了第三名。明明已經盡力追趕了，我的雙腿卻不由自主地發軟，最後只能緩步跨過終點線。我放掉最後的二、三十公尺，慢慢地跑著。邊看著他校學生們鼓勵打氣的臉、聽著吶喊加油的聲音，雙腿也在不知不覺間失去力氣。聽到我僅拿下第三名消息的體育組老師，顯得非常遺憾。而我則是歉疚得抬不起頭。

從那之後，我便一直認為自己是個半途而廢的人。無論遇到什麼事，只要做到超過一半，我就開始洩氣，很想逃……然後憂慮著其他人會對我感到失望。開始投入一件新事物前，擔心與不安的心已蠢蠢欲動。一旦結果不如預期，便會浮現「看吧，早就知道會這樣！」的想法。

我覺得「不管做什麼，別人都會討厭我」。從小，我便經常聽到「你為什麼要……？」每當我做出稍微不同的發言與行為時，耳邊就會傳來「你為什麼要那樣做？」而媽媽也曾對我說過：「你就是像你爸爸，才會這麼自私。」這句話，猶如一支箭直刺我的胸口。即使在我得獎的時候，媽媽也不曾說過「做得很好」、「以你為榮」之類的話，僅是露出帶著笑意的雙眼。於是，「看眼睛」成為我與他人的溝通方式。看著別人的眼神，判斷他們究竟喜歡或討厭我。

再加上，對年幼的我來說，外面的世界是危險的地方，是不平等的地方，是不知道強盜、殺人案件等不幸何時會傷害我人生的，令人不安的地方。處處都是像出現在電視劇裡，那些會壓榨窮人的有錢人一樣的人。

這些對於我自己、他人、世界的基本想法，正是「核心信念」；對自己人生的強烈信念，且通常是由童年經驗建構而成的核心信念。雖然沒有明確的根據，但核心信念會主動形塑想法。這些自動、自然的想法轉化成無意識的選擇與行為。換句話說，核心信念左右著你我的人生。

如果好好進入孩子的內心，可能會發現負面的核心信念占據著很大的位置。舉例來說，假設孩子抱持的是「我不夠細心」的核心信念。由於堅信自己不細心，所以當面對複雜的事或需要費心處理的事時，他們往往不會挺身而出。如此一來，周圍的人也會漸漸變得不願再託付重要的事給這些孩子。

假設是抱持「我常被騙」的核心信念，又是如何呢？由於常在與人相處時被欺騙而產生損失的人會認為世道險惡，並確信自己是因為單純才總會上當，所以開始將這一切視為理所當然。而周圍的人也會對此報以同情，並給予協助。

這些負面的核心信念是有益的，像是慰藉人心，或是讓身體感覺自在等。由於具有各種益處，因此就算意識負面的核心信念，也很難改變。然而，當放下那些益處時，人才會開始成長。原因在於，我們真的很難在抱持負面核心信念的狀態下有所成長。

高二的T，不太常在上課時間發言。實際與T聊過後，發現他有著「我太畏縮了，沒辦法好好站在大家面前」的核心信念。因為堅信自己「畏縮」，就算遇到自己會的問題，也不願嘗試舉手發言。

「你從什麼時候開始覺得自己很畏縮？」

「好像是從小時候吧。」

「會這樣覺得的根據是什麼呢？」

「嗯……我聽過媽媽對別人說，她很擔心自己女兒畏縮的個性。」

「那你曾經覺得自己很畏縮嗎？」

「有。靜靜待著的時候，覺得心情很自在。然後每件事到了收尾的時候，都會反覆檢查很多次。」

「原來如此，看來你是在很多人面前會覺得不自在，但可以安靜、謹慎完成一件事的人耶！老師覺得你應該是很內斂的人喔，你覺得呢？」

「啊……仔細想一想，好像是耶！謝謝老師。」

此後，T開始舉手發言。

如果深究孩子的負面核心信念，不難發現其根據相當鬆散。試著找出讓孩子擁有正面核心信念的根據，無論多寡，一定找得到。首先，從寫下一路以來孩子的各種小成就開始吧。

當我認為自己是個虎頭蛇尾的人時，也會對挑戰新事物感到恐懼。但自從我將核心信念由「虎頭蛇尾的人」改變成「對新事物抱持好奇心、實踐力的人」起，心情頓時變得輕鬆。為了好好完成一件事，我決心將一半的能量用於起頭，然後適度調整另一半的能量直至最後。就像這樣，積極正面地轉換思想、信念。

假設孩子認為「因為我頭腦不好，就算讀書也沒用」時，他們覺得「我頭腦不好」的信念根據是什麼？若是因為小時候父母曾說過「頭腦不好」、「笨蛋」難道就可以說是確切的根據嗎？當然不是。或許只是為了孩子的聽寫成績不好，一時的氣話罷了；或許是為了其他事生氣，然後遷怒孩子罷了。學校成績，絕對不足以成為反映智能優劣的標準。

人的大腦細胞多達數千億個。由於孩子的大腦具可塑性，使用得越多，會變得越聰明。大腦會持續地改變與成長，於閱讀、思考、說話、寫作的同時，大腦也會漸漸變得更發達。因此，「頭腦不好，就算讀書也沒用」的想法是錯誤的。

在高三的學生中，多數堅定地抱持「一切都太晚了」的負面信念。僅僅十多歲的他們，竟然就有這種堅信，著實令人驚訝。讓我們來談談被稱為「美國國民畫家」的摩西奶奶的故事。她的本名是安娜．瑪麗．羅伯森．摩西（Anna Mary Robertson Moses），不過大家都稱她為「摩西奶奶」（Grandma Moses）。她在七十五歲時開始作畫，直到一百零二歲為止，創作了許多畫作。簡樸、溫暖的畫風，讓她獲得「美國國民畫家」的封號。另外還有活躍於健美界的六十多歲爺爺，也就是現身各大雜誌封面的模特兒史蒂夫．泰勒（Steve Taylor）。曾表示「我想讓大家知道，上了年紀的人也能擁有挑戰目標」的他，努力不懈地雕塑自己的體態。

除此之外，還有很多六、七十歲才開始從事某件事，然後獲得傑出成果的人。因此，十多歲便抱持「一切都太晚了」的信念，是毫無根據的。單純是因為將「考大學」視作人生唯一目標，才會擁有這樣的負面信念。大學入學考試，不過是人生眾多的關卡之一罷了。沒人可以保證只要考取高分進入大學，就是百分百的正確。相反，倒是有很多人在上了年紀後，才因為找到新夢想而選擇報考大學。

孩子是否堅信「自己是懶惰的人」？堅信自己是「懶惰的人」的根據是什麼？是來自於父母對著假日躺著不動的自己叨念的話語嗎？沒有懶惰的人，有的只是沒能遇到讓自己內心激動的某件事罷了，只要找到這件事就好了。如果遇到自己真正想做的事時，就算不睡覺也不會覺得累，只會不顧一切地想要找出所有可行的方法。孩子們知道自己太早認為「一切都太晚了」嗎？千萬不要被這樣的想法，阻礙了自己的無限潛力。

幫助孩子改變他們對自己、他人，以及世界的負面核心信念。與孩子一起與好人們相處，然後分享好的能量。提供孩子得以挑戰全新事物的機會。世上有許多擁有正向能量的人，找出這些人，並與他們一起實踐。正面的核心信念與思想，將帶領孩子一步一腳印成長。

所有孩子都有與生俱來的學習頭腦

「靠！早知道就不要讀了！」

一進教室，便湧來此起彼落的粗言穢語與嘆氣聲。這是筆試最後一天的景象。因為考試期間而一直忍著的他們，到了分數塵埃落定的最後一天，火氣也隨之爆發。有些學生會踢桌子，有些學生會用拳頭搥牆洩憤。自己明明已經努力了，成績卻不見起色，心情勢必很惡劣吧？

N把班上最會讀書的同學當作自己的模範。於是，他觀察這位同學，並有樣學樣地跟著做。無論是學習態度、寫筆記的模樣，通通仔細地觀察了。甚至還會偷看這位同學買了什麼題庫在解題，然後也跟著買。這位同學讀書時，他也跟著讀書；這位同學休息時，他也跟著休息。他跟著這位同學報了同間補習班上課，認真學習這位同學申請的線上課程。然而，他的成績卻絲毫沒變。他很納悶，究竟問題出在哪裡？N自責地認為「一定是因為會讀書的同學頭腦就是比較好」。

其實，很多學生都和N有一樣的想法。學生時期的我，看著上課時間老是邊打瞌睡邊作筆記，卻還是考上醫學系的同學時，同樣也有這種想法——那是天生的「讀書頭腦」。可是，隨著時間流逝，當我開始學習關於大腦科學時，才領悟原來自己的想法錯了。

我的那位同學在上課期間總是仔細地作筆記，並且用自己獨有的方法整理與複習。他沒有上任何補習班，只是獨自複習，然後將自己不明白的內容一一向各科老師發問。當其他同學問他一些自己不懂的地方時，他也會親切地教他們。遇上了自己解釋不了的部分，便會說：「我再讀一遍，之後告訴你。」偶爾頭髮會因為沒洗而打結，但他也只是笑著表示：「難免會有這種時候嘛，無所謂。」不太在乎其他事的他，只是專心讀書。重新回想起那位同學的模樣，只覺得「難怪他那麼會讀書」。

一九九〇年代，心理學家安德斯．艾瑞克森（Anders Ericsson）發表一篇名為〈刻意練習在專家表現習得中的作用〉的研究結果。他將挑選出來的柏林音樂學院學生，按照標準大致分為三類：有望成為世界級演奏家的明日之星、可以站穩職業級演奏家地位的優秀學生、演奏水準僅能成為音樂老師的普通學生。接著，按照組別記錄各自的上課時間、個人練習時間、生活模式等以不同標準為基礎的資料。經過長時間分析得出的結果，顯示各組的差異正是來自「個人練習時間」。這項研究解答了「成功是『練習』的結果，而非才能」。

讀書也是一樣。即使在學校過著一樣的生活，會讀書的同學也是因為他們私底下投入很多讀書的時間。絕對沒有不認真也能把書讀好的人。

輔導學生時，我發現了一些共通點，那就是他們會錯覺「自己讀了很多書」。關於讀書，我們需要全新的定義。讀書是「學習新事物的過程」，是「釐清與練習自己未知領域的過程」。

「最近讀書讀得怎麼樣？」

「讀超多的，除了在學校的上課時間，放學後還會先去補習班讀到十點，再去圖書館聽線上課程，回家的時候都凌晨一點了。」

近來青少年們的日常，真是淒涼。雖然貌似整天都在讀書，真正完整的讀書時間可能還不到一小時。學校作業、補習班作業、線上課程等，大部分都是被動聽課，即使過程會作筆記，卻不是主動的學習時間。

想讀好書，必須掌握好自己上課時聽不懂的部分究竟為何，再獨自練習才對。可以藉由繪製圖像思考（visual thinking）、心智圖（mind map），或是闔上課本重新回想課程內容等方法。解釋給其他人聽也是一個方法。實際上課時，我也常要求學生們向鄰座的同學解釋課程內容。解釋得好，表示確實理解內容；解釋得不好，表示尚未完全理解，此時便會要求學生再多讀幾次。

當冰箱裝滿食材時，心裡會覺得踏實。然而，得拿出食材料理來吃，才能真正填飽肚子。只顧著聽課，恰如將食材放入冰箱，莫名感到踏實與飽足，卻什麼也沒吃到。看是要拿出豆腐沾點雞蛋，做成煎豆腐，還是要把豆腐切一切放進大醬湯，經過選擇與實際料理的過程，才是「讀書」。必須徹底攪拌自己既有的知識，然後製作出嶄新的知識；必須自己坐下來找出不懂的地方，然後反覆閱讀與複習；必須將既有的知識相互連結、組織。花時間做這些事，才能稱為「讀書」。

每個人都想擁有好身材，卻不是任何人都擁有好身材。因為大家明知道要做運動才行，卻總嫌過程麻煩、辛苦。讀書亦然。內心很想把書讀好，卻覺得好難。比起獨自坐著讀書，更想打電動、玩樂。只要一坐下來，手就自動伸向手機。十多歲是情緒起伏尤其嚴重的時期，不安與憂慮動搖著內心。於是，當聽到「連書都讀不好，那你到底想做什麼？」等責難的瞬間，想讀書的心也隨之消逝。

首先，得先理解十多歲孩子們的心。每個孩子都想讀好書，只是身體無法隨心所欲，也不知道方法為何。我希望各位能理解十多歲孩子因為讀不好書而難受的心情，置身單憑讀書劃分標準的教育體制，讀不好書的孩子心情該如何處置呢？

因此，應該讓孩子知道「會讀書的人，都是獨自花了很多時間」這件事實。沒有才能是天生的，獨自讀書的時間越多，就能把書讀得越好。如果孩子整天都在聽課，哪怕僅是縮短一小時也無妨，好讓他們擁有可以獨自讀書的時間。也就是說，給予他們釐清究竟有什麼不明白後，再重新讀過的時間。

在讀書前設定好具體目標相當重要。目標越具體，確實執行的機率越高。我帶領領導力社團期間，都會要求孩子們具體地描繪，並以文字寫下自己從遙遠未來回溯至一年後的模樣。如此，他們便會理解當下需要多用功才行。

「讀書的目的是什麼？」先問問這個問題。如果今天要讀一小時的書，重要的是具體地決定好究竟要讀什麼？要怎麼讀？

想把書讀好，堅持與耐性不可或缺。至於重要程度不亞於這兩項的體能，其影響力比你我想像中來得更大。有人說，鍛鍊體能有利開發左、右腦。因此，美國不少學校也有課前體育課。顧名思義，就是在正式開始上課前，先在學校操場做些簡單的運動。結果發現要求晨間運動的學校，其課業成績也跟著提升。藉由運動活動身體，刺激大腦，並增加學習專注力與上進心。

想把書讀好，必須要有獨自讀書的力量才行。也就是說，我們每個人的大腦都有辦法把書讀好。因為每個人都帶著無數的神經元出生，每個孩子都帶著讀書頭腦出生，並不是會讀書的人出生時就有與眾不同的神經元。只是在歷經讀書的過程後，該部分的大腦才變得發達。從現在起，帶領孩子相信他們的大腦，然後開始讀書吧。

不用忍耐，放聲大哭也沒關係

我很愛哭。邊看電視劇或電影邊哭是基本，有時也會聽音樂聽到一半開始掉眼淚。童年時期更是常哭。幼兒園時，住在同一區的朋友中，有個小男生很愛用指甲捏人，每次遇到他，我都會被捏得大哭。因為我的個子比同年紀的孩子來得高，看起來和大他兩三歲的哥哥姊姊差不多，所以每次聽到我為了被比自己個頭小的男生捏到哭時，媽媽都會因此責罵我。

從那時候開始，在媽媽面前我都會默默吞回眼淚，省得一哭又要被罵。或許是變成習慣吧？之後也就不曾在媽媽面前哭。即使很難受、傷心，卻也未曾向她坦白。

小時候，我們家是做生意的。因為要做生意，媽媽總是很忙。而我則是一睜開眼，就跑出去一直玩到很晚。肚子餓的話，就回家吃飯，不管是什麼配菜，都能吃下兩碗飯。不用媽媽特別費心也能好好地吃、好好地長大、好好地玩。天天跟著哥哥、姊姊們一起玩賽跑、跳格子、跳橡皮筋繩等。

我家附近有棵很大的櫻桃樹。以櫻桃樹來說，算是樹枝非常粗大的那種，所以孩子們很輕易就能爬上那棵樹。有次，我在樹上睡著了。被一股寒氣冷得睜開眼睛的我，望著天空被渲染成一片紅光。我失神地凝視了好長一段時間。即使當時年紀尚小的我，卻也為大自然的美熱淚盈眶。

雖然常玩得不亦樂乎，但我也喜歡獨自坐著。坐在樹蔭下時，每當微風吹過，樹葉便會發出「沙沙、沙沙」聲響，偶爾也會傳來蟲鳴聲。我很喜歡髮絲輕拂臉龐的觸感，彷彿時間靜止般的靜謐感，每每慰藉著我的心。

二〇一二年，我開始學習心靈課程時，不知道哭掉了多少眼淚。每次出席座談會，總會感覺胸悶。不僅在回家的公車上哭了很多次，甚至還試過回家後把兩個兒子哄睡後，便開始放聲痛哭。與人交談時、獨自寫作時，都會不停哭泣。就這樣哭了好幾年，把小時候吞回去的眼淚通通哭了出來。

邊想著「原來當時的我很孤單」、「原來我一直過著埋怨自己的生活」，邊輕撫著自己的心。有段時間，我也曾對媽媽發火。面對一直過得很好的女兒突然大吐怨言，媽媽顯得有些不知所措。媽媽和我的記憶截然不同。媽媽罵人的時候，眼神非常兇狠，大吼時還會見到喉嚨的小舌。然而，媽媽卻說自己教養我的過程中，一次也沒罵過我。

經過那段日子，一次次地又哭又氣，也讓我一件件地放下內心的包袱。曾以為的「不介意」，事實上通通「介意」。我的心明明介意，但腦袋卻一直以為不介意。

M是親和力極佳的學生。從高一時便為了要老師們記住他的名字，找遍各科老師。於是，我當然也很快記住他的名字。

形象如此開朗、可愛的M不知從何時開始，學習態度變得完全不同。要不就是在置物櫃附近來回踱步，要不就是趴著睡覺。休息時間就在學校各處晃來晃去，一下在保健室閒聊，一下又跑去找遍辦公室散布在各樓層的老師。偶爾也會和同學們在操場玩。雖然下課時很有活力，但只要一到上課時間，又被籠罩進一團陰影之中。

二年級時，M變成我們班的學生。從學期初開始，持續與他面談了許多次。我好奇M究竟在想什麼，也希望多少能幫上一點忙。在他的笑顏背後，總能瞥見一絲陰鬱。尤其每次提起「媽媽」的話題時，都會看見他的眼淚。內心滿是渴望為媽媽多做點什麼的他，這樣的心思真的很美。可是，M卻吞下了眼淚，然後開始轉移話題。而我也不再追問，只是告訴他：「想聊聊的話，這裡的門隨時為你打開喔！」

「老師，我的確有些事想聊一聊，但我怕說出來的話，自己會承受不了。」

「好，謝謝你願意這樣告訴我。等你想聊的時候，再隨時來找我。」

後來，無論是手指受傷或需要借文具時，M都會來找我。只是，始終沒有坦白內心的故事。等時機成熟了，想必M也會像我一樣將內心的傷痛傾瀉而出。

每個人都有創傷。因為身邊沒有和我置身類似環境的朋友，所以我一直自認是世上最悲傷、辛苦的人。我覺得，和經常嘮叨卻總是擔心子女的媽媽、爸爸一起生活；老是和手足吵架，卻還是維持相親相愛的好關係；和朋友們煩惱著究竟該穿什麼衣服、換什麼髮型……像這樣的人說些抱怨的話，看起來反而比較有討喜的「人味」。

在我的心底，滿是自卑與孤獨。為了忙著做生意，媽媽幾乎不曾與我相視交談。小學四年級時，因為搬家而不再做生意的媽媽，開始在家做副業。看著媽媽邊嘆氣邊眺望遠方天空的背影，我感到無力。假如我在稍微溫暖些的家庭成長會是如何？總是莫名地感到空虛與遺憾。

學習心理輔導課程時，我遇見了許多人。外表看似過得很好的人，其實也都暗藏著不為人知的故事，以及背負著童年的創傷與缺陷。

儘管故事與我不盡相同，但我遇到了一位家庭故事同樣難熬的姊姊。父母的多次離異，對子女來說是莫大的痛苦。只是，人或許就是這樣才學會成長吧？同樣身為女人的姊姊，百分百理解媽媽的心情，並且因此開始實踐何謂邊愛邊活的人生。作為她所屬的傳教團體領袖，姊姊不僅開導了許多人，也奉獻自己的財富與才能。比起怨恨父母，她選擇懷著體諒的心繼續生活。

當看著姊姊，每每都能讓我的心胸又拓寬了些。媽媽在成為我的媽媽前，是一個女人。同樣身為女人，只要一想起媽媽的人生，總令我覺得心痛。與不顧家的丈夫結婚後的人生、必須為年幼子女一肩扛起責任的人生……究竟有多麼煎熬？一改變看待媽媽的視線，怨恨的心也跟著消失無蹤。我原諒了過去那個內心確實沒有餘力再對我付出關懷的媽媽。

一直以來，為了從別人身上找出自己存在的原因，我費盡心思。我想透過媽媽的眼神、老師的態度、朋友的反應，他人的反饋，確認自己是這個世界必要且珍貴的存在。然而，過著那樣的生活，真的很累。只要別人稍顯不悅，我就會立刻改變自己的言行，然後到了夜深人靜，才緊咬著接連湧現的思緒不放，邊想著「我剛剛為什麼要表現得像個笨蛋？」邊自責地入睡。

輔導諮商時，遇到不少和我有著同樣煩惱的孩子。外表看似強悍，內心卻總在觀察別人的臉色。再加上，青少年是人們尋找自我樣貌的時期，會不停重複問著「我是誰？」之類的複雜難題。「為什麼要在這裡生活？」、「我為什麼要出生？」等問題，都是源於尋找自我樣貌的渴望。或許，孩子的內在正在嗚咽痛哭，正在煩惱著自己「是否是個不必要的存在？」、「為什麼要來到這個世界？」與這樣的孩子聊一聊後，往往能勾起他們童年時期的經歷，一個個與我有著相同經歷的故事。若能坦白一切，自然就會發現其中的因由，進而找出解決方法。

除了孩子，父母同樣也可以不用在意他人眼光，盡情地哭。哭泣的模樣，同樣美麗。以眼淚洗滌心上的創傷與痛楚，無須在乎他人，好好哭吧。從現在開始，不要再吞回眼淚，也不要再忍耐了。宣洩，然後揮拭。隨時準備好一條擦眼淚的手帕。

Chapter 3

打開孩子緊閉心扉的視線高度對話方法

試著感覺孩子的心跳聲吧。或許青春期的孩子會抗拒父母的擁抱，但他們其實意外地喜歡被父母擁入懷裡。即使有可能因為覺得陌生、尷尬而拒絕，但請持續嘗試。此外，也可以邊說「媽媽以你為榮」，邊輕撫孩子的頭。可能的話，以胸膛擁抱，然後靜靜感受孩子的心跳聲，十秒、二十秒、三十秒……逐漸拉長時間。孩子光是存在本身，已經值得喜悅與感激。孩子絕對有辦法完整地感受父母的這份心情。

拯救孩子的對話方法

這是發生在附近高中的事。近來有不少十多歲的孩子常因為手機而無法在上課時間專心，因此那間學校規定「只要上課時間使用手機，就必須將手機交由導師保管一段時間」。

上課時間見到一名學生伸手摸手機的K老師，要求學生將手機拿到前面。學生強硬拒絕，並堅稱自己沒有使用手機。面對自己明明見到學生摸手機卻仍自稱沒用手機一事的K老師，氣得拉高音量。無法繼續上課的K老師，打了通電話給該名學生的母親。電話接通後，學生的母親要求老師將電話轉給學生聽。不發一語聽著話筒的學生，安靜地將手機遞還給老師。學生的母親說了什麼？

「○○，現在先聽老師的話。媽媽知道，如果你真的那麼做了，一定有必須那麼做的原因。」

「……」

「現在是上課時間，你不這麼做可能會妨礙其他同學上課，可不可以先把手機給老師？」

媽媽的一句話，平復了學生的心情。後來才知道，這件事的起因是「沒關機」。學生手機畫面因為收到訊息亮了起來，而K老師恰巧就見到學生伸手要關機那一幕。學生該有多委屈？面對課程為了自己而無法如常進行，內心想必也很過意不去。據說，學生之後還向同學們道歉表示：「都是因為我才影響上課進度，對不起。」

假設媽媽在該情況下是這麼說的，又會如何呢？

「你現在在幹嘛？老師都是因為你不能繼續上課耶！快點交出手機！學校怎麼規定就怎麼做！」

「媽，我說了我沒有用手機！」

「所以你是說老師說謊囉？你回家就知道了！」

如此一來，說不定會逼得加倍憤怒的學生立刻衝出教室。

父母與孩子間，需要的是「交心」的對話。每個人都是不完美的存在，再怎麼優秀的父母，都可能帶給子女傷害；子女亦然。在最親密的人身上受到的傷害，往往深刻而持久。父母與孩子應該成為彼此寬恕、療癒，並且共同成長的關係。為了深化這樣的關係，父母必須與孩子進行足以拯救他們內心的對話。

看著對方的雙眼時，自然能清楚他們的心。有沒有試過不說任何話，只是靜靜看著孩子的眼睛一分鐘？這一分鐘，可是會令人尷尬得感覺格外漫長。與孩子說話時，務必看著他們的眼睛。在日常對話中，只要看著孩子的眼睛就能知道他們的心。不是對話的時候，也安靜看著他們的眼睛，用著彷如暖陽普照全世界般的溫煦眼神照耀孩子。孩子的心，也會因此變得溫暖。

也試著感覺孩子的心跳聲吧。或許青春期的孩子會抗拒父母的擁抱，但他們其實意外地喜歡被父母擁入懷裡。即使有可能因為覺得陌生、尷尬而拒絕，但請持續嘗試。此外，也可以邊說「媽媽以你為榮」，邊輕撫孩子的頭。可能的話，以胸膛擁抱，然後靜靜感受孩子的心跳聲，十秒、二十秒、三十秒……逐漸拉長時間。孩子光是存在本身，已經值得喜悅與感激。孩子絕對有辦法完整地感受父母的這份心情。

每天向孩子表達愛與感激的心。實行時機選在人的潛意識被開啟時，睡前與清晨剛睜開眼之際尤佳。可以用嘴巴去說，也可以用心去想。

「謝謝今天辛苦了整天的自己。希望我的身心都能保持健康，希望我的心靈能平靜與幸福。我很喜歡每天都在逐漸成長的自己。」

像這樣對著自己的心說，也對著孩子的心說。當每天都這樣說時，父母的內在能量會改變，同時也能向孩子傳達愛與感激的能量。

父母愛子女是自然之事。可是，當詢問十多歲的孩子時，卻會得到「我感覺父母不愛我」的答案。原因在於，他們沒有好好與父母交心以及感受父母心思的經驗。

當孩子向父母表達自己傷心的情緒時，父母應該張開雙臂表示歡迎。這是證明孩子卸下心防的最佳證據。此時只要耐心細讀，並讓他們充分感覺是得到具同理心的傾聽即可。如此一來，孩子會開始對過去因父母感到傷心的經歷感到抱歉；假如父母也有因孩子感到傷心的經歷，同樣可以藉機表達。不過，溫柔地表達才不會令孩子受傷。

「每次你碰一聲甩上門的時候，就像隔著一道無形的牆，讓我覺得很悶，就像你在表示對媽媽的拒絕，讓我覺得很心痛。如果你需要獨處的時間，可不可以先告訴我呢？」

以這種方式誠實陳述自己的情緒，相信也能讓孩子理解父母的心。

有時使用語言，有時使用行動表達——爸媽如此努力地生活，是源於愛孩子的心，是希望孩子健康與快樂成長的心，是期盼供給孩子過上不必羨慕別人生活的心。心底話不說出口，永遠不會有人知道。

「人家〇〇考上好大學，還去當家教，然後你一天到晚只會睡覺？」

這樣說的話，孩子會認為「啊，原來媽媽是因為愛我才希望我考上好大學，然後過些舒服的日子」嗎？不可能。孩子只會認為：「唉，媽媽討厭我，媽媽覺得我很丟臉。」

「嗯？寶貝女兒睡了整整兩小時午覺耶，一定是因為很累。」這樣說的話，才能讓孩子意識：「原來媽媽很愛我……午睡確實睡了有點久，好像該讀點書了？」

進行這種對話時，若是露出咬牙切齒強忍怒火的模樣，可就絲毫沒有說服力了。我們正是因為內在具有能量，才希望將媽媽的內在能量傳達給孩子。為了拯救孩子的心，需要的是以心交心的對話。

幾年前，我曾因對教職感到懷疑，而陷入低潮。當時，我覺得老師這個職業「微不足道」。無論多努力，孩子們好像永遠不會知道我的心意，因此覺得很難過。以我來說，為了想讓自己變成更好的老師，一到放假期間，我就會參加各種研修。學習、整理，然後以要將所學應用在孩子身上的決心迎接新學期。結果研修的內容好像只適用在研修時套用，根本完全沒辦法實際運用在我的教室裡。反覆經歷學習新東西、適應、失望過程的我，便從某年起不再報名任何研修了。取而代之的是，我開始端詳自己的心。

「我期望在孩子身上得到什麼？」
「我認為的『好老師』是什麼樣的人？」
「我想和孩子們建立什麼樣的關係？」

邊思考這些問題，邊釐清我的心。於是我才終於頓悟，原來真正重要的不是使用什麼工具或方法，而是與孩子們交心並互相溝通。此後，我開始努力與孩子們有更深層的對話、了解孩子們的心。而我的心也因此逐漸復原。我重新感受到身為老師的自己可以與孩子們相遇，是件多麼幸福的事。

孩子的心，依循父母對自身與孩子抱持什麼信念改變；孩子的言行，依循他們的心改變。言行的改變，也將改變人生。希望拯救孩子並使其成長嗎？那麼，得先從拯救孩子的心做起。慢慢嘗試與孩子進行拯救他們內心的對話。為此，父母的心必須先填滿愛與感激才行。如此一來，才能與不懂表達自己的心的孩子，進行拯救他們內心的對話。務必牢記，唯有父母的愛才能拯救孩子。

以稱讚
提高自尊感

小學時，我曾學過書法。升上四年級後，學了兩年。我的字跡在同年紀的學生中尤其顯得出色，甚至讓補習班主任說出「想把你收作最得意的弟子」的話。每次只要主任寫好一張，我便看著臨摹一次。

有次，我將宣紙放在主任寫的紙上，然後跟著模仿寫了一次。因為是跟著筆跡照描，寫出來的結果當然一樣。沒想到主任竟為此笑得很開心，每次見到我時都會稱讚一番。內心很過意不去的我，「其實是墊著照描……萬一我真正的實力被揭穿怎麼辦？」的念頭，逼得我好想離開那個地方。等到升上六年級時，我便不再上書法課了。

國二時，我曾上過英文會話補習班。由於是清晨就得上課的補習班，儘管自覺偶爾會缺席，但還是鼓起勇氣報名。第一天，我考了分級測驗。雖然僅是憑著感覺隨便寫寫，卻全數答對了。當老師稱讚我「你學過英文嗎？你很厲害耶？」時，一心想著「我的英文不厲害啊……老師過段時間就會開始覺得失望吧？」的我，內心不免有些不自在。僅僅過了兩個月，我便不再上英文課。等到事過境遷再回憶起，我其實真的是很認真的學生。無論是書法或英文，如果我願意持續學習，想必都能得到很不錯的成果。

在韓國，有句俗話說：「稱讚足以令鯨魚起舞。」只是對我來說，稱讚卻止住了我原本的舞動。原因是什麼？正是我的低自尊感。自尊感低的人，對稱讚持有雙重態度。對別人抱以寬容的標準，連瑣事也願意給予稱讚；對自己則設立嚴苛的高標準。由於擔心自己只要一時失手就會立刻由褒轉為貶，因此反而對接受稱讚感到不自在。深怕此刻稱讚自己的人，最終也會對自己感到失望；憂慮恐懼著會被別人發覺自己是個「不夠好的人」。

對於從小不曾被稱讚或肯定過的孩子而言，「接受稱讚」簡直尷尬得像穿著不合身的衣服。尤其當孩子唯有在會讀書與有規矩、有責任地完成一件事時才能得到稱讚的話，對自己接受稱讚的標準自然很難不嚴格。他們會認為「因為自己沒有值得被稱讚的權利或資格」。萬一面臨的是難與父母在情感上有緊密地交流與分享的情況時，就會因為缺少能反映自己積極正面模樣的鏡子，而開始自覺沒有價值。

「哇！你最棒了！」

「你超苗條的！」

「你長得很美。」

當有人說出這些稱讚時，會有什麼反應呢？聽見有人說自己「最棒」或是讚賞外在等，心情固然很好，但就是莫名感到不自在、抗拒。

伴隨著「也沒有到最棒的程度啦……」、「最近多了兩公斤耶！哪裡苗條了？」、「我的臉哪算長得美……」等想法，甚至還會覺得他人的稱讚僅是客套話。

幾年前，我因為感謝大兒子陪伴學跆拳道的小兒子一起上、下課，特地稱讚了他。

「謝謝你幫忙照顧弟弟。」

後來，大兒子持續陪伴弟弟一起上跆拳道課，幫了身為職場媽媽的我很大的忙。

然而，某天大兒子卻語帶哽咽地說：

「媽，我覺得太累了。每次帶弟弟去上跆拳道，我都覺得很煩，我不要再去了。」

在這之前，我完全不知道大兒子其實這麼累。原來只是因為媽媽的稱讚，才讓他一直忍著去做。一想到「他還那麼小，就得幫忙照顧弟弟該有多辛苦啊……」，我的心便歉疚得隱隱作痛。

想稱讚他人，必須做得適當得宜。胡亂稱讚，反而只會產生副作用。稱讚時，需具體說明對方的努力，以及藉由努力獲得什麼成果。最好還能誠實地加上自己因為對方的行為得到了什麼助益。

舉例來說，假設是孩子打掃了他們的房間。沒有人要求，而是孩子自動整理書桌與清理房間。此時該怎麼稱讚才好呢？單純說句「很乖！」、「媽媽真是不能沒有你啊！」並不是稱讚，這類話只會令孩子籠罩在憂慮與不安的情緒下，甚至讓孩子覺得他們若做了什麼壞事，反倒會提早暴露自己原有的模樣。

稱讚，最重要的是要讓對方感受積極正面的反饋。如果是上述情況，不妨試著這麼說：

「房間本來很亂耶，但你把書桌上的東西都整理好，也把地板都擦了。看到房間變得這麼乾淨，你覺得心情如何？」

「是有點累啦，但心情很好。」

「嗯，看見你自動自發的樣子，媽媽也覺得很開心。」

「媽媽開心，我也開心。看來以後要多打掃才行了。」

藉由這樣的對話，讓孩子自己感覺到成就感。

相較於結果，稱讚時更應著重過程與態度。此外，需要稱讚的是具體的行為、事實，而毋須與他人比較。如果只有在得到好成績時給予稱讚與擁抱，孩子們自我尊重的心也會日漸消失。

每天早上，大兒子都會在學校參加田徑隊的訓練。身為八百公尺賽跑選手的他，也會代表學校參加體育競賽。身為職場媽媽的我，則沒辦法前往觀看比賽。某天晚上，兒子因為沒有擠進理想排名而感到很遺憾。於是，我和他聊了聊：

「為了準備這次比賽，你沒有缺席過任何一天訓練，媽媽全都知道。我一想起你衝過終點線的那一幕，心裡就覺得好興奮。你呢？」

「對啊，雖然有點可惜，但我也覺得自己已經努力過了。希望下次可以跑進決賽，然後再參加一次比賽。」

「是吧？我也希望。有沒有什麼話想對今天辛苦了一天的自己說？」

「嗯……我想說：『辛苦了！我是最棒的！』」

即使沒能得獎，認真參與訓練準備比賽的過程，以及想要做到最好的心，已經值得稱讚。

老師與學生、父母與子女間之所以很難建立信任，很多時候是因為大人們單方面地壓制孩子的自尊感。自尊感低的學生，往往無法在上課時間成為焦點，也會習慣用歪斜的視線看老師、表現過度喪氣的態度；自尊感低的子女，易於發怒，也會經常陷入無精打采的狀態。這些孩子，迫切地需要稱讚。適當的稱讚，能有效提升他們的自尊感。

若想這麼做，父母得先肯定與稱讚自己。僅是固守著父親、母親的崗位一事，已經值得稱讚。放下「應該要做得更好」的壓力，好好過著日常的此刻本身，已是最美好的景色。為了好好教養子女而手握這本書的各位，不正是努力閱讀求知的優秀父母嗎？

現在，肯定與稱讚孩子原有的樣貌。孩子能自己盥洗、走路、上學、生活，是多麼值得感激的事啊？如果能告訴孩子自己有多感激他們的存在，且不吝於稱讚他們小小的實踐與努力，孩子的自尊感便會隨之提升。每晚睡前，希望各位都能稱讚好好過完一天的自己與孩子。除了眼睛能實際見到的東西，也希望能對肉眼看不見的過程與努力給予充分的稱讚。孩子與父母究竟多麼用心、努力地過生活，想必置身其中的各位一定比任何人都更清楚吧！

全家人一起坐下來聊聊天吧！

專為媽媽設計的視線高度練習 TIP

肯定與稱讚孩子

- 與孩子一起感謝他們的存在本身。
- 告訴孩子：「你一直都做得很好，辛苦了。」
- 睡前，向孩子與自己說聲：「今天辛苦了！」
- 每天告訴孩子一次：「謝謝有你。」
- 看見孩子努力的模樣時，不要錯過當下的時機，即時給予稱讚。
- 積極找出孩子認真、熱情、勇敢等美德，並給予稱讚。
- 具體地告訴孩子，自己因為他們的哪些行為感覺受益。
- 陪伴孩子想想他們平常是否有相處不來的人後，找出那個人的優點，並寫下對他的稱讚。

給予真正
有幫助的反饋

在韓國，有些輔導師證照是由韓國輔導師協會負責派發。獲取專業輔導師證照的輔導師，必須觀察預備輔導師進行輔導的過程，並給予反饋一事，名為「輔導者導師」。我開始學習輔導與實習時，曾因為一心很想做好，卻怎麼也說不出適當的話而感到鬱悶。雖然很希望輔導者導師能說些具體的反饋，但多數的他們只會提及一、兩個部分。像是說完「這樣子做錯了」的反饋後，並不會再解釋該如何做才對。由於當時的我懇切地希望能再得到導師們多些指導，後來輪到自己擔任輔導者導師時，我都會盡全力說些具體的反饋。

有次，我曾在擔任輔導者導師的過程

中，內心感到有些不舒服。向來是先提及整體做得好的部分，接著再按照輔導步驟詳細地給予反饋的我，卻聽到負責扮演預備輔導師角色的人這麼說：

「應該給些好的反饋才不會讓人傷心的……我希望您能再思考一下給反饋的方法。聽著您說我這也做錯、那也做錯，心情實在很糟。」

晴天霹靂。一路以來給過許多人反饋的我，第一次換來這種反應。過去，大部分的反應是「很喜歡導師說得這麼詳細，很有幫助」、「第一次收到這麼具體的反饋，謝謝」、「能遇到導師真的很幸運，您幫了我很多」等。因此無論當天多疲倦，我都能心滿意足地入睡。那天的我，內心卻不舒服得怎麼也睡不著。直到意識到這種情況也是值得自己好好學習的一課，我才總算睡著。他的反應，令我心碎，卻也讓我變得謙遜。自從那天起，我開始思考如何給予更好的反饋。

於韓國 JTBC 電視台播映的《有內情的沙龍》中，陳重權教授曾以這番話說明導師與老頑固的差異：

「導師與老頑固都會給忠告。不過，導師是在別人要求的時候才給，老頑固則是在別人不想要的時候也給。」

儘管自己的反饋出於善意，但當對方不想要時，我可能就成為了老頑固。我沒有確認過當天自己給反饋時，對方是否已經做好準備，或許他希望能針對做得好的部分獲得更多反饋；或許，那是他身心俱疲得需要更多肯定與稱讚的一天也說不定。

無論立意多良善，對於沒有做好準備要聽、沒有意願要聽的人來說，給予反饋根本起不了任何幫助。這樣的反饋，猶如馬路上驟然超車的車子般，令人滿是不舒服與驚慌。記取那天學到的一課，等到下一次需要給予反饋時，我於是先問了一句：

「我會先提及整體做得好的部分，接著再按照輔導步驟詳細指出其他地方的問題，這種方式可以嗎？我也會具體提出需要改善的部分，若您覺得不舒服，也請告訴我。我可以將整體簡要成兩、三點反饋就好。如果您有期望的反饋方式，可以直接告訴我。」

經過這樣的討論再開始給予反饋後，該輔導師對於自己收到的反饋相當滿意。反饋，是為了使接收的人成長，因此必須誠摯地傳達感受與要求，而不是為了批評或分清是非。不妄下判斷或批判、推測，中立地給予反饋時，對方便能自然地體悟。此時，使用中立的語言是很重要的事。給予孩子反饋時，同樣需要注意這些細節。

我們班有名經常遲到的學生。九點前應該進教室的他，往往會在九點五分左右抵達。繼續習慣遲到的話，想必在入學考試時也會出問題。

此時，如果對他說「為什麼你每天都遲到？你到底有沒有在注意？」可不是什麼好的反饋。對孩子來說，光是「每天」這個字就可以大作文章了。因此，反而會令他反感地想著「哪有每天？昨天明明還提早到了吧？」另外，「有沒有在注意？」的表達方式，也會傷害他的情緒。結果，儘管本人知道自己做錯，卻變得不肯承認。

相反的，像是這樣的反饋如何呢？

「現在已經九點五分囉，是你這禮拜第三次無故遲到了。我希望你能提早十分鐘起床上學。」

由於使用了沒有加入話者的判斷或想法的中立語言，對孩子的情緒不會造成傷害。

當他意識到自己無故遲到的次數確實很多時，也會增加「決定明天該早點上學」的可能性。

如果平常父母的反饋做得好，會讓孩子懂得省察自己的內在。然而，錯誤的反饋，卻反而會關上孩子的心扉。舉例來說，所有孩子自然都想把書讀好，父母也真心希望孩子會讀書，但見到孩子明明想把書讀好卻不肯複習的模樣時，難免會變得焦急而憤怒。

「你就是這樣才讀不好書！你到底打了幾小時電動了？什麼時候才會清醒？」

「媽為什麼又來了？我一直都在讀書，然後才剛開電腦不到三十分鐘耶……」

「我一直都在注意你，你在亂說什麼？人家〇〇現在整個週末都會在補習班讀一整天的書才回家。你腦子到底在想什麼？這樣是要怎麼上大學？」

源於焦急的心而脫口的話、比較優劣的話，讓孩子關上了房門，也關上了心門。

相反地，不如試著這樣說吧？

「〇〇，你從下午四點到現在都坐在電腦前耶？」

「啊……我以為沒過多久，居然已經這麼久了？」

「看來你很需要休息吧？平常得去補習班，可以複習功課的時間只剩週末了。怎麼做比較好呢？」

「雖然我是很想繼續玩遊戲啦，但七點吃完晚餐就會去圖書館了。待在家裡，就會一直想打電動。」

「嗯，這個想法很好。媽媽希望你可以成為有辦法自己選擇與負責的人。如果繼續以現在這種方法分配時間的話，三個月後會變成什麼樣呢？」

「嗯……考完試後，好像會有點後悔。」

「這樣啊，媽媽希望你可以盡力不要在這段時間留下什麼後悔的事。」

「我知道了，媽。我會努力的。」

父母必須協助孩子，讓他們知道持續現在的行為，將來需要負上什麼責任。藉由反饋，讓孩子明瞭自己選擇與負責，是很重要的事。

給予孩子反饋時，試著練習以「我」作為主詞。對於孩子的行為，具體說出「我」

的感覺、該行為對「我」的影響，才是更加明確的反饋。

舉例來說，如果見到黑板滿是沒被擦乾淨的粉筆灰時，我會對負責擦黑板的學生這樣說：

「粉筆灰飛來飛去的話，我們教室裡的所有同學都會很難呼吸，再加上外面霧霾又很嚴重，可以在午餐時間和打掃時間各擦一次嗎？你負責的工作很重要喔！」

若能具體地提及打掃的重要性，就算孩子覺得麻煩，也會多費點心思打掃。

有時雖然需要反饋，但在對方內心存有批評或判斷的情況下，是無法好好給予反饋的。懷著希望幫助孩子成長的真心，試著使用中立的語言，誠懇地反饋，才能使孩子成長。

全家人一起坐下來聊聊天吧！

專為媽媽設計的視線高度練習 TIP

給予孩子反饋

- 拋開以「父母」身分為出發點的判斷與分析心態。
- 出現自責、批判的想法和言語時，立刻停止。
- 像拍照般記住當下生氣的情況，仔細觀察並透過言語表達。
- 具體地說出孩子的言行對自己產生什麼影響。
- 當孩子的言行對自己有所助益時，即時表達感激的心。
- 等到孩子做好聆聽準備時，再進行反饋。
- 反饋前，至少檢視三次內容，確認是否真的能對孩子有所幫助。

先由父母提出好的問題

世界聞名的自行車選手藍斯．阿姆斯壯（Lance Armstrong），於巔峰時期，被宣告罹患癌症末期。面對晴天霹靂般的宣告，他並未就此一蹶不振，反而開始思索該如何邊接受治療，邊繼續運動員生涯。即使周圍的人早已放棄希望，他卻不曾放棄，繼續運動。結果，聽見自己被宣告活不了一年的他，於三年後參與並奪得國際賽的獎牌。

這是積極正面的效果。他沒有悲觀地思考「為什麼我會得到癌症？」而是反覆問著「怎麼樣才能邊接受治療，邊繼續練習？」不願放棄，加上不斷提出積極正面的問題，讓他得以帶著解答與訓練的結果，戰勝病魔，重新起身。

領導力專家約翰．麥斯威爾（John C. Maxwell）曾提及，人在一生中會遇到無數可能性，為了開啟這些可能性，我們必須不間斷地提出問題。根據提出的問題不同，可能帶來數千、數萬個可能性；相反地，也可能不會。問題，是有力量的，提出問題時，不僅會刺激思考，也能清楚他人的想法、情緒、需求。藉由反覆提問，能發現促使自己成長的能量，進而訂定實踐的計畫。此外，透過他人多樣的觀點，也能幫助你我自我省察，以及找出解決方法。

既然如此，若想向孩子提出好的問題，又該怎麼做？

第一，提問的同時，傾聽與觀察。如此一來，才能分辨什麼樣的問題能對他們產生幫助。

第二，選擇開放式提問、中立提問、正面提問，而非封閉式提問、誘導式提問、負面提問。

所謂封閉式提問，像是詢問成績不好的孩子「你有用功讀書嗎？」這樣問的話，答案僅會被限制在「有」或「沒有」。封閉式提問，只會換來封閉式答案。改由像是「如果想在下次考試拿到好成績，該怎麼做比較好？」的方式，開啟孩子多樣思考的可能性。

誘導式提問，是父母帶有意圖的提問；中立提問，則是不含父母的主觀意見或判斷，願意接納所有可能性的提問。「想要提升成績，不就應該讀書嗎？」即是誘導式提問，而「想要提升成績，該做些什麼？」便是中立提問。前者含有「應該讀書」的意圖，這類問題，對孩子沒有幫助。當態度中立地提問時，才能擴展他們的思考。

至於負面提問，就像是在孩子發生失誤時問道：「你到底在想什麼？」這是無異於責備的提問。只會讓孩子有種自己好像做錯了什麼、被斥責的感覺。原因在於，這是始於負面觀點的提問。如果改以「再遇到類似情況時，你會怎麼做？」便是正面提問。這樣的問法，才能促使孩子具體地思考下次該怎麼做，並擬定相關對策。信任孩子，並以正面的觀點提出問題，才是「正面提問」。

第三，開啟可能性的提問。

「有自信的話，會有什麼不同？」

「所謂的好人，是什麼樣的人？」

「假設朋友為了這個問題煩惱，你會給他什麼樣的建議？」

「如果十年後你可以做自己想做的事，那時的你會是什麼樣子？」

當孩子被問及這些問題時，他們會開始發現自己的問題所在，並找出解決方法。

第四，提出能刺激孩子優點與好奇心的問題。懷著對孩子的好奇心，發現他們身上的新事物，並藉此開啟對話。此時，最重要的是父母不要急著下任何判斷。

「你想說說自己真正想要的是什麼嗎？」

「假如沒有金錢或時間的限制，你想做什麼？」

當孩子嘗試回答這些問題，他們會開始體悟到自己真正想要的東西，進而為了讓自己成長而設定計畫。

第五，善用提問與答覆間的沉默。提問後，如果孩子正在思考，便暫時等待。不要因為覺得沉默很尷尬，便重複提問或說其他話。思考的過程，會讓孩子的大腦變得聰明。面對從未想過的問題內容，自然需要多花點時間等待他們思考。

第六，提出能讓孩子自問時，也能幫他們找出解決方法的問題。舉例來說，下列範例就不是太好的問題。

「我為什麼會那樣？」

「我體力為什麼那麼差？」

「我為什麼賴床？」

應該將問題改成這樣：

「我那樣做的原因是什麼？」

「如果想鍛鍊體力，我可以做些什麼？」

「如果想在早上五點起床，我可以做些什麼嘗試？」

我希望為人父母者，務必要養成提出好問題的習慣。如此一來，不僅能讓孩子在回答父母的提問時成長，他們也會開始使用像父母一樣的方式對他人提問。提出好問題的習慣，將帶領一個家庭走向幸福。

全家人一起坐下來聊聊天吧！

專為媽媽設計的視線高度練習 TIP

向孩子提問

- 不是「為什麼會這樣？」而是「怎麼做？」
- 提出可以啟發多樣化想法的問題。
- 拋開主觀判斷、想法，提出中立的問題。
- 帶著好奇，以積極正面的心態提出問題。
- 詢問「～的話，哪些部分會變得更好？」
- 詢問「你真正想要的是什麼？」
- 詢問「為了解決目前情況，現在應該從什麼開始做起？」

同理與側耳傾聽

這是發生在兒子小學二年級時的事。我陪著把裝鞋袋忘在學校的他，一起去了趟學校。在走廊上等兒子拿裝鞋袋的空檔，我見到一名女學生走進了教室。滿臉笑容的她，將雙手重疊擺在腹部，恭敬地對著導師行禮。

「老師好，我忘記拿外套了，現在回來拿。」

「喔，好。」

老師或許是正在忙著做事，雙眼只是緊盯著電腦螢幕。女學生再次將雙手重疊擺在腹部，恭敬地行禮後離開。

「老師再見。」

「嗯，慢走。」

女學生打開教室的門，低著頭走了出來。從她進教室到出來為止，老師的視線都停留在電腦螢幕上。即使接受了學生的行禮，也回應了「慢走」，卻根本稱不上是對話。

那位老師並沒有傾聽學生的話。

傾聽，側身前傾的「傾」，聆聽的「聽」，也就是傾身聆聽的意思。傾，是由人類的「人」與意指側身的「頃」組成，代表一個人主動側身，將內心的東西完全清空；聽，主要由「耳」、「悳」（在篆文中為「德」的初始字）組成，意為聽到聲音，理解於心之後而有所得，是能開啟人與人之間交流與溝通的重要能力。換句話說，傾聽是清空內心，透視雙眼看得見與看不見之物的行為，向對方傾注自己的身心，同心同意地聆聽。

根據梅拉賓法則（The Rule of Mehrabian），人與人的溝通僅有七%來自談話的內容（actual word spoken）。話者的表情、肢體語言、聲線、語調等無法透過談話表現的東西，則占了九十三%。僅是聽他人講話，不是真正的溝通。練習傾聽，並實際運用於日常生活，將能恢復不少關係。

傾聽的標準可以劃分為四個階段。

第一階段：伴侶傾聽（spouse listening）。相當有趣的詞彙。是基於親密的人總是不願好好傾聽的緣故才衍生這個用詞嗎？舉例來說，就像邊看電視，邊敷衍聽著一樣。透過一般家庭的夫妻樣貌，即可窺見何謂「伴侶傾聽」。假如對著正在看棒球賽轉播的丈夫提問，通常都會換來「等一下，先讓我看完這個就好」、「抱歉，我沒聽見，你剛說什麼？」等回應。在這種情況下，對話根本無法延續。

第二階段：被動傾聽（passive listening）。意指不太專心，只是放任對方自顧自地說話。雖然比伴侶傾聽好些，但話者或聽者皆無法專注於談話的主題。誰也記不得內容說到哪裡、聽到哪裡，唯有注意力漸漸變得渙散。

我也曾犯過這種錯。下班回家吃完晚餐後，我開始洗碗。洗碗時，兩個兒子走近我身旁說了各種話題，而一心想忙完手邊工作的我通常會說：「嗯嗯，媽媽有在聽，你繼續說。」可是正在洗碗的我，根本無法專心聽他們說話的內容。接著，兩個兒子便會一臉不悅地留下一句：「沒事了，我想以後再說。」然後回他們的房間。心知不妙的我，趕緊停下洗碗，跟隨他們的腳步進房。

「媽媽剛才沒有聽清楚，你可以再說一次嗎？」

然而，兒子卻只是說了句：「我現在沒有心情說。」便在書桌上趴下。我錯過了他們想傾訴的時機。像這樣的被動傾聽，同樣很難與他人好好溝通。

第三階段：積極傾聽（active listening）。盡量集中注意力在話者身上，並給予同理態度的方式。根據狀況不同配合附和，也就是加入「天啊！你一定嚇壞了！」、「有這種事？」等感嘆詞。如此一來，感覺受尊重的話者，便會願意進行更深入的談話。

假如兒子小二時的老師願意給予那名女學生積極傾聽，情況會是如何？

「老師好，我忘記拿外套了，現在回來拿。」

「你忘記拿外套啦？趕快來拿回去。」

若能凝視她的雙眼笑著這麼說的話，想必打開教室門的女學生會笑笑地跳步離開。在日常生活好好使用積極傾聽，能讓他人產生備受尊重的感覺。

第四階段：語境傾聽（contextual listening）。不僅是說話內容本身，而是邊聽邊斟酌這些話是源於何種語境。換句話說，就是連沒說出口的部分都能一一掌握。如果高度專注聆聽他人說話，便能一併讀懂沒有顯露在外的心思。

來找我的學生中，有名不太懂得用說話表達自己的孩子。遇到這種情況，必須更專注於他的呼吸、眼神、手勢、聲音、雙腳動作等。不久前，我和一名持續在上課時間趴在桌上的學生聊了十五分鐘左右。這名學生一直盯著地板，說話也沒什麼力氣。身體些許顫抖，偶爾撕咬自己的指甲。我緩緩呼吸，然後安靜地握住學生的手。

「現在不知道為什麼覺得有點不自在、有點悶，還有點孤單，對不對？」

「對。因為讀書壓力有點悶，然後最大的感覺是孤單。」

像這種情況，正是聆聽對方情緒與需求的語境傾聽。語境傾聽，可以觸發更有深度的對話。

超越以上四種階段的，是有辦法對他人說話內容給予同理態度，並善用語境傾聽的「同理傾聽」。同理傾聽，唯有在聽者清空內心才可行，同時抱以謙遜的態度聆聽。換句話說，必須以「I am OK, you are OK」的框架作為出發點。在對方說話的期間，我不會思考自己該說些什麼話，暫時放下判斷或分析，僅是好好掌握對方的情緒與意圖地聆聽。

同理傾聽是喚醒內在能量不可或缺的元素。此處的核心是「同理」。太過煎熬的時刻，光是有人願意靜靜坐在自己身邊，便足以成為慰藉；即使不說任何話，光是投以溫暖的眼神，也能使人充滿力量；只是握住手，然後簡單地輕拍輕撫，都會讓人眼淚直流。

同理與同感不同。同感是與對方感受相同情緒，同理則是肯定對方的情緒。肯定「原來你現在有這種感覺」、「原來你這麼憤怒」等，然後與對方一起停留在某種情緒。傾聽正是同理的最佳出發點，這也是傾聽為什麼如此重要的原因。

現在，與孩子對話時，試著好好聽完孩子的話後，理解他們的情緒，並給予同理傾聽。為了適當給予同理的態度，需要自然地配合孩子們的視線高度、姿勢、肢體動作等。語調、說話速度的配合也很重要。嘗試營造出能讓彼此自在對話的氛圍。設想自己與孩子間存在一公尺的空間。因為當兩顆心的距離太過接近時，糾纏的情緒易於產生令人陷入同感的風險。父母與子女間需要適當的距離，認知子女是獨立於你我之外的存在，並學習輕鬆地看待子女的情緒。

將要寫的作業攤在面前，然後來回扭動身體的兒子開口向我搭話。儘管內心想的是「不趕快寫你的作業，在幹嘛？」我仍選擇先靜下心，開啟同理傾聽式的對話。

「媽，我真的很討厭寫作業。」

「原來是這樣，看來你很累了。」

「對，可能是今天太認真打躲避球了。媽看我這裡，因為撞到牆都瘀青了。」

「天啊！一定很痛吧？」

「可是又得寫作業了……」

「很煩吧？那你現在想做什麼？」

「我想休息三十分鐘。媽媽抱我一下。」

緊緊抱著兒子的我，心情也變得自在不少。

從現在起，試著以同理的態度傾聽。從與自己的對話、與家人的對話出發，專注於孩子的表情、語氣、聲調、手勢、說話內容，嘗試拋開自己的判斷與想法，善用語境傾聽，並練習同理。如果能閱讀與同理孩子的心，便能開啟妥善溝通與和平共處的新世界。

全家人一起坐下來聊聊天吧！

專為媽媽設計的視線高度練習 TIP

給予孩子同理傾聽

- 如實地將自己與孩子的想法、情緒寫在筆記本。
- 對話時，拋開自己的情緒，專注於孩子的身體與心理。
- 設想自己與孩子間存在一公尺的空間，保持兩顆心的距離，不要隨孩子的情緒起舞。
- 邊對話，邊思考孩子感受的情緒與想要的東西。
- 以「原來你這樣覺得」、「原來你想要的是這個」回應孩子的話。

以對話提高孩子的內在動機

多數父母都認為，只有外顯的部分才是孩子的能力。於是，才會以「人家的孩子這也做得好、那也做得好，我家的孩子這也做不好、那也做不好，真令人擔心」的想法看待自己的孩子。如果父母擁有這樣的視線，孩子本身將很難發現自己的潛力。

不久前，有名高三的女學生來找我。我好奇著眼前滿臉笑容的美麗女孩，究竟有什麼煩惱。說著自己與媽媽的關係越來越糟的她，眼眶噙滿了淚水。聽著她的故事，我內心相當難受。她表示，自己與媽媽對話時，媽媽表露厭煩的態度讓她的心很受傷；想要暫時休息一下時，又會用「現在不是該讀書的時候嗎？」、「人家○○為了諮詢未來規劃，一大早就起床去排隊，現在都這麼晚了妳還在幹嘛？」等話語斥責她，真的讓她覺得很討厭。這些明明是媽媽憂心孩子前途才會說出的話，結果卻只傷了孩子的心。

我們可以把牛牽到河邊，卻無法強迫牛喝水；我們也可以把孩子帶去補習班，卻無法強迫孩子讀書。當源於鬱悶心情的「去做～」的話一說出口，便成了嘮叨。

父母配合著孩子的視線高度與其對話時，必須同時提升他們的實踐意志。若想這麼做，需要注意的是看不見的心，而非看得見的行為。孩子的無限潛力、渴望做好的心、渴望做好卻做不好的心、經歷數次挫折而受傷的心、憂慮再次失敗的心、面對未來的茫然恐懼、對父母感到歉疚的心、羨慕朋友比自己做得好的心……

每個孩子都渴望做得好、渴望成為父母的驕傲、渴望得到稱讚與肯定，更渴望能成為自己的驕傲。只是，身體卻總是跟不上。渴望做得好，卻怎麼也做不好。這樣的心情，該有多苦悶？

父母明白孩子的心後，必須幫助孩子付諸實踐。只要從極小的事情開始即可。由微小的實踐累積成偉大的實踐，進而從中學習成長。

好，現在先重新設定父母的心。父母的思想是強而有力的，不僅會影響父母自身，也絕對會對孩子造成影響。每件事只要下定決心，便會變得不同。這裡說的「心」，指的正是你我的思想。一切皆取決於我們的思想、信念。父母帶著什麼樣的思想看待孩子，將決定他們的未來。孩子是擁有無限潛力的存在，萬一犯錯、跌倒了，只要重新站起身就好。隨著孩子步步成長，最終一定能有好的結果。

若一開始抱著「先等一下看看」的想法從旁觀察孩子的行為，結果卻不如預期時，拜託也不要說出「看吧，我就知道會這樣」之類的話。務必要練習協助孩子的思想與說話的模式。建議父母首先要將這些運用在自己的人生，然後再透過對話幫助孩子好好實踐。父母先經過思考與練習後說出的話，與盲目脫口說出的話，其傳達能力絕對有著天壤之別。

無論想實踐什麼事，都必須要有「內在動機」。能否認知該行為對自己有多重要，是關鍵所在。擁有迫切渴望的人，不管置身於多麼艱難的情況，都還是能提起實踐的力量。

我認為自己是不可能在一大早起床的人。除了從小到現在都沒有清晨起床的經驗，一天還得至少睡八小時才行。然而，自從出現「必須寫書」的強烈動機後，我開始在清晨起床。因為要兼顧上班和照顧兩個兒子、做家事的我，如果想寫書，便只剩下清晨的時段了。

清晨五點起床，花兩小時左右寫作，接著一邊準備早餐，一邊開始我的一天。從睜開眼到睡覺為止，幾乎沒有休息時間。即使有著如此繁忙的日常，期間若有學生想來找我輔導的話，則得再善用午餐時間或放學時間與他們對話。如果這是有人要求我做的事，我絕對做不了；就算付我錢，想必我也不會做。唯有基於「我要寫書」、「想幫孩子們」、「希望父母與老師都能過著幸福日子」的內在動機，這些事才變得可能。

孩子也一樣。面對別人要求做的事，他們動也不動。給予些許外在的報償或許能讓他們暫時動起來，但就長期而言，還是必須有強烈的內在動機，必須讓孩子們頓悟自己究竟有多渴望這些行為與實踐。不能單純地將上大學設為目標，讓孩子擁有渴望讀書的動機，他們才會產生讀書的力量；讓孩子擁有渴望運動的動機，他們才會產生運動的力量。

舉例來說，假設孩子表示自己「想成功」，那麼，希望鋪陳「想成功就該讀書」想法的父母，便會與孩子展開以下對話。

「媽，我一定要成功。」

「好，這是很好的想法。如果想成功的話，應該做些什麼？」

「應該要讀書吧？」

「對，你想得很對。好好讀書吧。」

經過這樣的對話後，孩子真的會想「我要認真讀書才行」嗎？答案想必是否定。苦惱地想著「對，我應該讀書。可是，我真的不想讀書」的可能性還比較大。

稍微改變對話方式，嘗試說些賦予內在動機的話。

「媽，我一定要成功。」

「好，這是很好的想法。你認為的『成功』是什麼？」

「嗯……我希望是做著自己喜歡的工作，然後有錢又有閒。」

「具體點的話，你認為什麼樣子可以稱為成功呢？」

「大概是可以和我最愛的家人們去想去的地方旅行、可以早點下班和孩子們踢踢足球、幫助一些有困難的人吧？」

「哇！你很棒耶！如果能這麼做的話，你最喜歡的會是哪個部分？」

「感覺會變得很幸福，就是心情會很好吧？」

「媽媽一想起你幸福的模樣，心情也跟著變得很好。那你想對活得很成功的自己說些什麼嗎？」

「嗯……我想說『你做得很好，我就知道你能做得到，一直以來辛苦了。』」

經過這樣的對話，孩子會重新思考自己定義的「成功」。隨著具體想像成功的模樣，並感受成功帶來的幸福，便能提升孩子自主實踐的意志。

千萬記得，父母與孩子的思想可能不盡相同。舉例來說，父母認為的幸福、成功、愛，或許與孩子所認為的不同。一旦父母強加自己的思想在孩子身上時，孩子也會隨即關上自己的心門。

無論是什麼事，都該直接詢問孩子。孩子希望把書讀好嗎？如果是，嘗試讓他們自行領悟讀書究竟存在什麼樣的意義。

「我們為什麼要讀書？」

「讀了書會有什麼不同？」

「你想對幾年後的自己說什麼？」

藉由以上的對話，讓孩子體悟若想實現自己的夢想，就得透過學習、實行，然後創造自己專屬的有趣讀書過程，而非單純地獲取知識與死記。為了感受讀書的趣味，不僅需要耐力，幫助孩子持續地實踐也相當重要。不過，首先得讓孩子意識到該行動對他們本身有什麼益處、有多麼重要。當孩子頓悟該行動具吸引力的報償值得他們犧牲眼前可見的享樂交換時，自然就會產生決心實踐的意志。

不要去找孩子不做的原因，而是具體地找出應該要做的原因。務必銘記父母給予的不同刺激，決定孩子的內在動機將熊熊燃起或黯然消逝。

全家人一起坐下來聊聊天吧！

專為媽媽設計的視線高度練習 TIP

提升孩子的內在動機

- 銘記「我認為的幸福」不等於「孩子認為的幸福」。
- 陪伴孩子尋找他們真正想完成的目標。
- 詢問孩子心目中「最重要的價值是什麼？」
- 尋找孩子最想積極完成的目標。
- 透過提問，幫助孩子想像他們達成目標後，人生會有什麼不同。
- 完成目標時，讓孩子直接説出想對他們自己説的話。

以對話為無精打采的孩子尋找夢想

「老師好。」

「你好。好久不見了，你最近過得還好嗎？」

「老師可以給我一點時間嗎？」

「當然。發生什麼事了？」

「我在睡夢中聽見老師說的話。」

C是我前年教過一學期地球科學的學生。其實，我從未在上課時間見過他的臉，因為他每天都趴在桌上。看著那樣的C，我心裡實在很難受。看起來睡眠很不足，也總是無精打采。

那樣的小傢伙會選擇來找我，我感覺到他想成長與變化的意志。首先，我判斷他來找我這件事本身是處在「有能量」的狀態。於是，我答應一週與他見一次面，主要是利用一大早或午餐時間。不過，如果遲到、生病、有事的話，我們便無法見面。一學期間，我們僅僅見了四次。

我們聊了聊他第一次來找我的原因，以及目前的狀況。

「你想要聊什麼樣的主題？」

「自信。因為我沒有自信，所以就算想用主唱的身分上大學，卻有很多時候都行不通。」

「原來如此。很厲害耶，你是樂團的主唱？」

「對。」

「你認為的『有自信』是什麼樣子？」

「就是……想做什麼都能做得到。」

「如果讓你想做什麼都能做得到，哪些部分會變得更好？」

「學校的生活或樂團練習的時候，應該都會變好很多。」

「如果讓你的學校生活和樂團練習都變好，會有什麼改變？」

「（嘴角上揚）那……我會很開心。」

「原來如此。老師希望你可以有自信地想做什麼都做得到，然後開心上學、練團。」

「好。我也希望可以！」

「現在的你是什麼樣子？」

「我很在意別人的目光。在學校的時候，常常覺得同學看我不順眼；唱歌的時候，明明應該用丹田出力把歌唱完的，但又因為怕破音，老是不能盡情唱歌。」

「你一定很難過吧。當時的心情怎麼樣？」

「就覺得……很煩、很悶。」

「那種煩悶的感覺是從什麼時候開始的？」

「好像很久以前就有了。」

「什麼時候？」

「很久以前。那種感覺好像一直壓著我的心。」

「那種煩悶的感覺在哪裡？看起來是什麼顏色？」

「（摸著胸口）在這裡，是深藍色的。」

「原來是深藍色啊……可以摸得到嗎？感覺如何？」

「黏糊糊的。」

「怎麼做才能讓心情變得輕鬆點？你認為心裡為什麼存在這種黏糊糊、藍色的東西？」

「煩悶也是我的心的一部分，只是我一直都選擇忽視，假裝沒有看見。可能是因為太難過了吧？本來應該要好好安撫才對的。我想對它說：『謝謝，慢走。』」

「好，那就這麼做。」

「（摸著胸口）謝謝，慢走。」

C邊深呼吸，邊說道：

「我覺得心好像變輕鬆了。看來是我一直不明白自己的心。」

「應該是喔。老師也覺得心裡變得輕鬆許多。」

第二次見面時，我們聊了聊平常的習慣。

「這個星期過得好嗎？」

「嗯，心裡很輕鬆。」

「今天聊什麼話題能幫到你呢？」

「我沒辦法好好去練團。週末應該去弘大的，但常常去不了。」

「你一定很難過吧。沒辦法去練團的原因是什麼？」

「本來應該在約定時間關掉電動出門的，但……就一直顧著打電動。」

「啊，原來是一直打電動的關係。」

「對，我想聊聊關於週末去練團的主題。」

「好啊，這是很好的主題。今天不如來想想可以週末去練團的方法？」

「好。」

相較於認知的對話，運用感官的對話更適合C。有些情況，善用NLP（Neuro-Linguistic Programming）的對話，會比單憑大腦思考與擬訂計畫更合適。被譯為「神經語言程式學」的NLP輔導，是以感官與大腦為中心，具體地想像與談論情況。

為了讓C在內心想像成功練團的事，我繼續提問。

「現在是星期六早上。你有看見時鐘嗎？是幾點？」

「八點。」

「現在梳洗一下準備出門的話，來得及嗎？」
「嗯，現在梳洗完準備出門就來得及。」
「好，那準備一下。大概過了幾分鐘？」
「過了二十分鐘。現在換好衣服，整理好包包了。」
「現在要出門了嗎？還是想先吃飯？」
「現在先出門，我想到弘大附近再吃飯。」
「好，就這麼決定。出門後，聽到什麼聲音？」
「聽見車聲，還有人的交談聲。」
「心情如何？」
「心情很好。」
「好。那要怎麼去弘大呢？」
「坐公車。」
「你到弘大了嗎？」
「到了。」
「現在幾點？」

「看了一下時鐘，是九點三十分。」

「現在開始練團嗎？」

「大概是二十分出門的，所以我想先去便利商店買點東西吃。」

「好，你想吃點什麼？」

「御飯糰和三明治。」

「味道怎麼樣？」

「很好吃。現在要去練團室了。」

「好。要開始練團了嗎？」

像這樣繼續提出能讓C想像的問題。在想像中，他在晚上十點練完團後回家。接著洗澡，心滿意足地結束一天。

「心情怎麼樣？」

「真的很好。」

「既然如此，這個週末就過得像今天想像的一樣吧！加油！」

「好，謝謝老師。」

幾週以後，我又與C見面了。

「好久不見，最近過得好嗎？」

「很好。老師，我真的覺得很神奇耶！我週末有好好去練團，然後一直維持喔！」

「哇！恭喜。你很棒。」

「身體很自然就動了起來。」

「看來你內在有很強的實踐力喔，很厲害。」

「對，謝謝老師。」

C在對話的過程中，自然發現本身擁有的力量，也更能具體地描繪自己的夢想。隨著開始探索自己的內在，也因此減少了在意他人目光的時間。自然地產生自信，變得能持續參與練團。因為能量的提升，表情也變得明亮。身邊的同學、家人也察覺到C比以前來得更開朗、有自信。

見過四次面後，寫下以下的反饋內容：

▶反饋

1. 期間：四月至七月（共四次）

2. 主題：放鬆壓力與內心的包袱

3. 實踐的內容

—每天早上睜開眼時，感覺自己的情緒

—事先想像想改變的習慣或事情，並感覺達成後的成就感

4. 與老師見面後，與過去不同之處

（1）想法可以變成行動

（2）開始閱讀

（3）開始閱讀後，早上變得有活力

（4）打電動的時間減少為一個月兩、三次

（5）心態改變了、內在變強了、產生自我省察的能力、減少不必要的執著

（6）可以更快速感覺現實，並產生能對此做出明智選擇的判斷力

（7）變得更接近夢想了

畢業典禮那天，我接到來自C的電話。是他成功考上大學的好消息。C說，有機會的話，他也想學習輔導對話的方法。聽他這麼說，滿足的感覺湧上我的心。其實，潛力與能量早就存在C的心裡，只是他一直以來都不知道罷了。

不久前，我們學校的老師們在餐廳巧遇C，並向我轉告了他的近況。

「天啊！那個孩子本來就那麼優秀嗎？」

看著笑得開朗的他在餐廳服務的模樣，老師們都相當驚訝。只要真心相信，以愛心相伴，孩子便能「優秀地」成長到足以令旁人都能察覺的程度。

對陷入無力感的孩子來說，再沒有任何比「對話」更好的方式了。在家裡也試著和孩子對話後，寫下如上述範例的反饋。絕對能見到變得截然不同的孩子。

無論是什麼情況，對孩子而言，
父母的態度都扮演著最有效的
教師角色。

——亨利．佛德里克．阿彌爾
（Henri Frederic Amiel）

培養孩子小小實踐力的說話方式

人不會一夕之間改變。大家知道慣性定律嗎？艾薩克・牛頓（Isaac Newton）將慣性定義為「物體若不受外力作用，則該物體的運動狀態不變」。意即動者恆動，靜者恆靜。

人也一樣，始終希望能維持自己既有的生活方式。對於改變，存在極大的抵抗力。像是「三天打魚，兩天曬網」的習慣，也是源於相同原因。由於我們的大腦會抵抗每次嘗試的新行動，因此最後總是落得草草結束。所以，若想達成目標，我們需要的是有辦法戰勝慣性的實踐戰略。

針對讓孩子自然培養實踐能力的部分，父母能給予什麼樣的幫助？首先，必須讓孩子擁有自行擬訂計畫的機會。加入父母強迫或判斷的計畫，自始至終都不屬於孩子。自行選擇與負責，是相當重要的事。如果想以父母的身分給予建議，也先請求孩子的理解。

當孩子擬訂計畫時，父母可以給予反饋。舉例來說，假設在減重的時候，擬定「一個月內無條件減掉十公斤」的計畫，結果會是如何？達成目標的機率幾乎是零。反覆經歷失敗與修訂目標的過程，只會使人明瞭何謂「無力」。我們應該陪伴孩子一起檢討實踐目標的可能性。因此，目標必須極具體才行。

「認真讀書」的目標又如何？檢討這類目標達成與否的難度很高。原因在於，「認真」的定義太模糊了。面對這種情況，必須具體地問孩子「什麼時候？」、「在哪裡？」、「用多少時間？」、「多少分量？」等；試著將目標改成「每天從晚上七點開始，在圖書館花三十分鐘背三十個英文單字」的方式。換句話說，也就是運用SMART原則——明確（Specific）、可衡量（Measurable）、可達成（Achievable）、務實（Realistic）、有時限（Time-bound）。目標越具體，實踐的機率越高，達成的機率也越高。

看完「每天喝八杯水有益身體健康」的廣告後，我也嘗試挑戰過一次。經過連續幾天的失敗後，每次到了睡覺時間，都會浮現滿滿的挫折感。結果，當然是放棄了。不久後，當我又決定挑戰每天喝八杯水時，我將目標設得較之前小些——先從每天一起床就喝一口水開始做起。等到習慣後，開始變成每天一起床就喝一杯水；現在的話，每天則是可以喝五至六杯水。用不了多久，我一定可以達成一天喝八杯水的目標。

試著先和孩子一起擬訂一日一目標，並且從極小的事開始即可，像是「一天背一個英文單字」就好。養成習慣後，再慢慢增加分量。

目前先從孩子想做的事開始就好。有辦法一開始就完成重要、艱難的事固然很好，但若尚在培養小小實踐力的階段，不妨先從鼓勵孩子完成他們自己喜歡的事開始。唯有從完成小事體驗成就感，才能產生渴望完成大事的動機。

如果孩子無法按照計畫實踐，則必須告訴他們過程的重要性。讓他們知道「現在努力的過程很重要，只要持續累積努力，最終一定能換來成功」、「不完美也無妨，為了實踐而努力的本身，已經是成功的一半」、「不需要恐懼失敗，因為那不是失敗，而是嘗試」。

記錄孩子希望實踐的目標，並要求他們評價自己，是否正在好好地實踐這些目標。撇除結果成功與否，幫助孩子評價他們自己為了達成目標究竟付出多少努力；每天晚上要求他們評價自己的行為能獲得幾顆星，並且給予他們檢討自己哪些部分做得好、哪些部分需要改善的時間。如此一來，才能讓孩子重新定下心，進而增強實踐的力量。

我們的大腦相當重視報償。人的大腦中，有負責指揮運動、語言、理性、感性等多種功能的額葉，也有負責控制身體的基底核。在額葉與基底核間，存在報償迴路。當額葉感受來自報償迴路的愉悅時，便會為了繼續感受而重複某項特定行為。再加上我們的大腦很快就會感到厭煩，因此報償絕對不可或缺。舉例來說，假設孩子很想和朋友玩或打電動，但為了遵守與媽媽的約定，必須減少玩樂的時間。做得到的話，孩子能從父母身上得到稱讚與鼓勵；相反，萬一違反約定，只顧沉溺於遊戲帶來的愉悅感時，便會被父母教訓。此處，父母的稱讚與鼓勵即是報償。在孩子為了達成目標而進行實踐的過程中，父母必須給予充分的報償。

「○○很遵守和媽媽的約定喔！謝謝你。」

「你明明很想打電動的，但是你自制的樣子真的很棒。」

「看著你堅持減少打電動的時間，我就安心地覺得你一定可以做得很好。」

肯定孩子「已經努力」的部分，不要吝嗇任何稱讚；最好也能給孩子稱讚他們自己的機會。

「想對好好遵守約定的自己說些什麼？」

「你認為減少打電動時間的○○是什麼樣的人？」

藉由回答這些問題，有助孩子擁有積極正面的自我形象。

由於目標或實踐計畫並非固定的東西，大可隨時修改。假如預想狀態與目前狀態的差異過大，反而會減弱實踐動力。因此，只要將極小的改變、實踐當作目標即可。

於韓國 CBS 電視台播映的《改變世界的十五分鐘》登場的成功企業家——英語教

育企業 Yanadoo 執行長金民哲，以「失敗專家」作為自我介紹。創業的七年間，總共嘗試過二十七個企劃，其中二十四個失敗收場，花掉了韓幣一百五十億元。他表示，當歷經無數失敗、覺得難以重新挑戰時，自己決定從「一天刷牙三次」開始做起。

對孩子來說，小小的成功經驗相當重要。只要嘗試從絕對不會失敗的事開始即可。就像執行長金民哲一樣，從一天刷牙三次、早上洗臉、一天吃飯三次開始做起就好。鼓勵孩子實踐早上起床折棉被、放下手機一分鐘等日常瑣事，當孩子體悟到小小實踐的力量時，便已是改變的開始。累積日常的小成功，即能越來越接近大成功。

全家人一起坐下來聊聊天吧！

專為媽媽設計的視線高度練習 TIP

鼓勵孩子做出小小的實踐

- ➔ 給予孩子自行擬定實踐計畫的機會。
- ➔ 以反饋的方式幫助孩子擬定 SMART 計畫。
- ➔ 鼓勵孩子從他們自己想做的事開始做起。
- ➔ 失敗時，告訴孩子「那不是失敗，而是嘗試」。
- ➔ 給予孩子思考自己是否有好好實踐的反饋機會。
- ➔ 當孩子得到小小成功時，務必給予報償。
- ➔ 協助孩子從極小的事開始挑戰，並從中感受成功。

擁抱孩子創傷的說話方式

自小雙親離異的J，一直與祖父母一起生活。哪怕到了現在仍渴望與媽媽多相處些的他，卻總是先考量到媽媽的人生；有時，也會和媽媽、媽媽的男友一起見面。不禁想起媽媽或思念媽媽的時候，他總會仰望天空，然後默默在心底喊著：「媽媽！」

小時候，爸爸只要一喝酒，甚至還會將年幼的J抓起來摔。J沒有和爸爸一起的具體記憶，也不清楚爸爸是什麼樣的人。他只覺得爸爸是讓媽媽難受的人，媽媽選擇離婚也是理所當然。他表示，自己很慶幸現在能見到媽媽與男朋友過著幸福日子的模樣。

聽著J的故事，我的胸口漸漸發悶，

內心暗自流淚。十多歲的Ｊ活過的人生，其重量壓得連身為成人的我都喘不過氣。我邊凝視若無其事笑著說這些故事的Ｊ，邊抓起他的手。不發一語地低下頭的Ｊ，眼眶滿是淚水。他一路活過來的人生，一直假裝無所謂、假裝開朗，卻未曾照顧過自己的心。

「你好。今天想聊些什麼呢？」

「最近覺得活著很難。」

「好。很謝謝你願意來找老師。你覺得活著很難多久了？」

「其實已經有段時間了。起初覺得應該沒關係，但心裡就是有點難受。」

「原來如此。看來你有好好觀察自己的心喔！就算心裡很難受，你還是很早到學校，認真上學耶！很棒。」

「（笑了笑）謝謝。」

「你希望透過今天的對話帶來什麼改變呢？」

「我希望能讓心變得輕鬆點、強壯點。」

「要看什麼地方，才會知道你的心有變得輕鬆點、強壯點呢？」

「我的表情會變得開朗，然後會產生好像可以完成些什麼的自信。」

「原來如此，我知道了。我希望你今天和老師對話後，表情會變得開朗，然後產生好像可以完成些什麼的自信。」

「好。我照鏡子的時候，會覺得很不自在。」

「這樣啊？你可以說得再具體一點嗎？」

「覺得好像應該笑，所以笑了，但又立刻變得面無表情的那種心情很怪。」

「原來是這樣。你覺得應該笑的原因是什麼？」

「……這樣才能讓其他人感到安心。」

「嗯，那麼在你說出『為了讓其他人感到安心，所以應該笑』這句話的時候，心情如何？」

「……莫名覺得傷心。」

「（靜靜握著他的手）原來如此，看來你過去這段時間一定很傷心。」

「對。我應該笑，才能讓奶奶安心，再加上弟弟也會笑，所以我覺得自己更應該這麼做。但很多時候我根本沒有心情笑，實際上甚至是很傷心、難受。」

「是啊，人生本來就有很多傷心、難受的時候。有人告訴過你應該要笑嗎？」

「……我，我自己。」

「你自己說了什麼？」

「『你應該笑。如果你的樣子看起來很難過，不就讓奶奶也很傷心嗎？你要過得好，媽媽才能放心過新的人生。你要好好照顧弟弟，不要對他發脾氣或揍他。你必須賺很多錢給媽媽，因為媽媽以前過得很辛苦……』」

「你想對說出這些話的自己說些什麼？」

「其實我也很難過，我也想被愛。我很想媽媽，我很羨慕有爸爸的同學。我也想無憂無慮地玩。」

「說出這些話的心情如何？」

「莫名有種輕鬆的感覺，然後覺得自己有點可憐。」

「好，那你想怎麼對待可憐的J呢？」

「想告訴他『沒關係』、『你可以活得輕鬆點』。」

「對啊，你可以活得輕鬆點，沒關係的。」

「老師，我真的可以嗎？」

「當然。你有顆懂得體諒別人的溫暖的心。最重要的是，你真的是很珍貴的人，知道嗎？」

「老師，我知道了。」

「不用為了做好什麼而拚命，現在已經很好了，你活著這件事本身已經很好了。如果放下『應該～』的想法後，能讓你做些好玩的事，你想做什麼？」

「我本來就很喜歡電腦，然後也很喜歡玩遊戲，所以我想開發應用程式。」

「哇！這個想法很好，你很棒！」

「（笑了笑）謝謝老師。」

「開發應用程式有什麼特別的意義嗎？」

「首先，因為是我想做的事，所以很興奮。我也想證明給自己看，其實我是可以好好完成一件事的。」

「原來是這樣啊，看來開發應用程式有很重要的意義。老師希望你可以做到。」

「好。如果想開發應用程式，需要一些時間，我不知道有沒有可能。」

「想要邊上學邊開發應用程式的話，勢必需要一點時間吧？要怎麼做才能確保時間夠用呢？」

「我晚上不太睡覺的，所以如果不想耽誤學業，我大概要作業到凌晨一點，然後早上七點起床。」

「哇！你的熱情很讓人敬佩。這樣的話，你可以既開發遊戲程式，又兼顧好學業嗎？」

「對，應該可以兼顧。」

「開發遊戲程式需要多少時間？」

「通常需要幾個月……雖然得實際作業才知道，但我會先試著利用晚上十點到凌晨一點的時間。」

「好。希望你可以成功開發出自己想要的遊戲程式，老師為你加油。」

「好，謝謝老師。」

「今天聊一聊後，有沒有什麼新的體悟或感覺呢？」

「嗯……我好像過分逼自己『應該做什麼』了，覺得很抱歉，然後開始有了『我也要活得輕鬆點』的想法。就像老師說的，我也是個珍貴的人，必須好好照顧自己才對。還有，領悟到開發遊戲程式對我來說是很重要的事，我會好好享受開發過程的。完成的話，再告訴老師。」

「你真的很厲害。光是你一路以來好好生活這件事本身，已經讓老師覺得很感激。現在已經做得夠好了，能不能看著鏡子，對自己說聲『謝謝，我愛你』呢？」

「（笑了笑）有點尷尬，但我會試試。」

「謝謝。如果順利開發了遊戲程式，你會來跟老師說什麼？」

「老師，我終於開發出遊戲程式了，我想得到老師的祝賀。」
「現在的心情怎麼樣？」
「哇！很好，超級好！」
「好。我相信一定可以聽到你說這句話的，我們一起加油。」
「好，謝謝老師。」

J是很厲害的孩子，踏踏實實過著自己人生的孩子。儘管校內成績不佳，在熱心助人的部分卻高人一等，因為他擁有一顆懂得溫暖地體諒他人的心。

J從底層出發，一路走上了這裡。即使童年時期的家庭狀況很煎熬，他仍盡全力活了過來。隨著他開始對自己面露微笑地說「謝謝，我愛你」後，神情變得開朗許多。每次見到J，我也會帶著笑容對他說：「有你真好，謝謝，老師愛你。」

對內心留有傷痛的孩子而言，需要的是足以撫慰創傷的暖心話語。藉由這一切累積愛與感激，孩子自然能過上更加幸福的人生。

改變「臭嘴」孩子的祕密武器

這是發生在二年級地球科學課的事。一陣騷動之中，我先讓鬧哄哄、跑來跑去的男同學們冷靜下來。繞了教室一圈的我，耳邊傳來髒話：

「臭婊子……」

我聽得一清二楚，也很明確知道這聲音出自誰的嘴巴。

「要怎麼做？這擺明是對我說的話，我該裝作沒聽到嗎？不，我覺得這件事需要被糾正。」

我深深嘆了口氣，默默地說：

「D，到走廊來。」

「嗯？為什麼？」

「我們到外面談一談。」

交代同學們先自行讀一下課文後，我離開教室。

「老師都聽見了，你老實說吧。」

「那不是對老師說的啊，是對同學說的。」

他迴避我的眼神，撓了撓頭。

「你剛剛說了什麼？」

「我說『臭婊子』……」

「有什麼原因讓老師必須從你口中聽到那樣的話呢？」

「不是啦，其實……是上次在走廊被老師沒收足球後覺得很煩，然後今天也覺得有點煩才那樣的。」

「原來是這樣。你放學後來一趟辦公室。」

經過約莫五分鐘的對話後，我走回教室，開心地上完那堂課。無論如何都不該因為D而害到其他同學。即使心情不太好，只要上一上課，心情又會復原。回到辦公室的我，稍微思考了一下，雖然大可給點懲罰了事，但我還是想修復和D的關係，並與他一起成長。

在D說的髒話裡，也提及了「男性生殖器」的俗稱。一想到「難道我長得像那樣嗎？」自己竟也不自覺地笑了。D一進辦公室，我先要求他收下同意書。我們約定好，只要他再罵一次髒話，就交由學校的獎懲委員會處理。這次先不給懲罰的代價，是他必須完成一項任務。

「聽說，如果要淨化一公升的汙水，必須使用三十萬公升的淨水。因為你用髒話罵了老師，所以必須還給我三十萬次的稱讚。這樣才能淨化老師受傷的心，對吧？」

「好。老師，那我什麼時候做？」

「嗯，從明天起，第二堂課的下課時間，來辦公室說十次稱讚。」

「好，我知道了。」

後來，每天一到第二堂課的下課時間，就能從辦公室的門縫間瞥見D的臉龐。看著他露出靦腆笑容的模樣，確實陌生。D的性格向來很火爆，偶爾還會在他眼中感受到些許戾氣。見到他像這樣笑得燦爛的樣子，的確令人感覺神奇。

「好，開始吧。」

「老師很美麗，老師今天特別漂亮，老師很會穿衣服，老師的眼神很和善，老師看起來很年輕……」

D有些結巴，有些害羞地笑著說完稱讚後離開辦公室。儘管因為不太會稱讚人而顯得有些尷尬，依然好好地說完十個稱讚。雖然主要稱讚的都是肉眼看得見的外在，但聽了還是覺得心情很好。日子一久，D的稱讚實力也出現明顯的長進。

「謝謝老師給我機會。」

「我喜歡老師的眼神很溫暖，心也很溫暖。」

「我覺得老師努力朝著夢想前進的樣子很厲害。」

「謝謝老師上課的時候總是充滿熱情。」

「老師很有時尚的感覺。」

「謝謝老師就算在生氣也能平心靜氣把課上完。」

「稱讚老師，讓我的心情也變好了。」

面對稱讚我的Ｄ，我同樣回以稱讚。

「看你每天第二堂下課就來找我，你的確是個很遵守約定、有信用的學生。」

「看來你是只要下定決心，就能做得到的孩子。」

有時也會提問：

「你想試著稱讚自己嗎？」

「你的優點是什麼？」

「可以像這樣每天執行任務的祕訣是什麼？」

他說出了自己內在的堅持、熱情、信用、認真。

「這樣說出來後，心情如何？」

「有股能量衝上來的感覺，心情很好。」

起初一個人來辦公室的D，後來漸漸會和同學們一起來；有時也會先把稱讚寫在便條紙上才來。一邊嘻嘻笑著，一邊享受稱讚。當經過走廊的同學們好奇詢問時，一起來的同學便會代替他回答：

「他用髒話罵了地球科學老師，現在正在執行稱讚任務。」

終於，持續到辦公室稱讚我的D宣告任務完成。眼神帶著些許不捨。

一想到自己和D的關係，我便笑了出來。明明始於「髒話」，卻以「稱讚」恢復關係。過程中，隨之變得開朗的D，產生了檢視自己內在的力量；而我也成長了許多。只因我沒有情緒化地處理，而是選擇對彼此都有好處的方法。

給愛罵髒話的孩子成長的機會，也透過這段過程與他們一起成長。人與人間的關係很微妙，假如當下我選擇對孩子發飆，然後狠下心要讓他背上「臭嘴」的標籤，結果會是如何？想必不會像現在一樣，有機會與他一起享受喜悅。每個人都會犯錯，而後藉由錯誤學習。只要願意給予機會與等待，自然就能成長。

孩子們更易於犯錯與跌倒。不要因為他們說出粗言穢語便不分青紅皂白訓斥。對十多歲的孩子而言，髒話可以是和同齡朋友的溝通方式，也可以是表達內心疙瘩的方法。因此，嘗試需要多花些時間，但能溫暖地解開孩子心結的作法，會比一般的嘮叨來得有效。

請每天說
「我愛你」

某個溫煦的春日，Ｋ找上了我。臉色黯沉的他，靜靜向我伸出手腕，自殘的痕跡清晰可見。我的心忐忑不安地跳動著。我靜下心，握起他的手，小手有些細微的顫動。我邊看著Ｋ，邊伸出雙手牢牢握緊他的雙手。我很謝謝他願意來找我。

課堂上的Ｋ很專心，也很仔細聆聽我說的話。即使眼神偶爾看起來有些悲傷，但我也只覺得「他是個情感豐富的孩子」，完全沒有想過他背負的傷痛已經到了需要自殘的程度。一方面歉疚於自己沒能好好照顧他，另一方面也感謝他肯鼓起勇氣來找我。

「我們去散散步吧？」

時間一到，我便會和K邊散步，邊聊著各種話題。聊些家裡最近發生什麼事的日常對話，也聊些關於他內心的陰影。有時在走廊巧遇，他也僅是緊緊握一握我的手、用力抱一抱我就離開。我也好，K也好，每次見面總能像交心的朋友般開心。

「這種時候該怎麼做才好？站在學生的立場怎麼想？」

我有煩惱時，也會徵詢K的建議。我們的心靈是相通的。

K的內心，藏有深層的憤怒。與父母間的關係、與手足間的關係，持續地在他心上留下傷痕。或許是因為心靈的稚嫩與細膩，才讓他的反應比其他人來得更激烈。

K的媽媽一下對他很好，又一下對他發火，是位情緒起伏很大的媽媽。K的情緒也因此變得很敏感。不知道媽媽何時又會生氣的他，內心時常感到不安。

我眼中如此耀眼、優秀的孩子，竟完全不肯定自己的價值。他內化了從媽媽口中聽到的話，然後說出一模一樣的話。

「你認為自己是什麼樣的人？」

「不知道耶⋯⋯糟糕的人？」

「⋯⋯你為什麼認為自己是糟糕的人？」

「就是很糟糕。就是沒有能力，別人隨便對我也沒差的人。」

我化身一面鏡子照映孩子。我不斷讓他明白自己正在說些什麼話、將自己看作什麼樣的存在；我希望他能意識到連本人都未曾察覺的情況下，究竟有多麼無視自己。

「你的存在很珍貴。老師很高興能認識你，你是一個很耀眼的存在。」

每次見面，我總是邊說邊抱緊他。我抱持著希望能傳達自己的愛的心，擁抱他。偶爾去散步時，我也會牽著他的手或是抱著他說話。

「你真的是很珍貴的人，老師愛你。」

起初只是笑著搖搖手的他，隨著時間一久，也漸漸變得欣然接受。或許有些難為情，但因為這一切都是事實，所以我重複說著。直到某次，他先主動向我跑來，並擁抱我。不知道是否已經不再對擁抱感到不自在的他，只要心情憂鬱或難受時，就會來找我、擁抱我。如此乖巧的K，讓我覺得很感激。

「你知道自己有多珍貴了嗎？」

「（笑了笑）知道。」

燦爛地笑著說出「知道」的他的模樣，好耀眼。

作為自主學習的孩子，K的校內成績位居前段。唯有數學成績不太理想的他，後來也透過對話發現其中原因。

「我真的很討厭數學。小學的時候，爸爸總說『數學最重要』，所以每天都要我算數學題。每天一下班，就立刻檢查我算了幾頁數學題。如果我因為跑去玩而沒有算數學的話，他就會把數學題本丟出去，然後用棍子打我。我只要看到數學題就覺得討厭。」

那些日子，因為數學題帶來的憤怒與傷痛，深深烙印在他的身上。

「老師好像有點不同。」

「哪個部分？」

「就是……和其他的老師有點不同，但我很喜歡。」

「嗯，因為你說喜歡，老師也喜歡。」

是因為愛有被好好傳達了嗎？Ｋ漸漸變得開朗，也不再說自己是「糟糕的人」。他開始相信自己的可能性，並展現努力的模樣。後來，他威風地考上了自己理想中的大學。我和帶著錄取消息前來的Ｋ，在學校走廊上轉圈跳舞分享喜悅。

許多孩子都活得不曾意識自己是多麼耀眼的存在。剛出生的孩子見到自己的臉蛋時，是很快樂的，看起來就像在讚嘆自己的模樣般。然而，我們的孩子又是如何？隨著時間流逝，漸漸失去表情。沒能發覺自己有多美好的他們，失去了光芒。雖然早已不被記起，但你我都是形似於神的存在，是耀眼的存在。無論是大人或孩子，就算什麼都不做，光是存在本身便已足夠。

現在遞一面鏡子給孩子，並與他們一起照鏡子。凝視鏡中閃閃發亮的眼眸，然後對著那雙眼睛說：

「我很喜歡你。我是耀眼的存在。就算什麼都不做也沒關係，我的存在本身已經足夠。」

每天早上起床，和孩子一起看著自己在鏡中的雙眼，說出這些愛的告白，內心將有煥然一新的體驗。從現在起，開始接受自己原有面貌便已經足夠美麗的事實吧。

Chapter 4

尋找孩子夢想的視線高度閱讀法

有時，重新拿出很久以前的書來讀，感覺猶如遇見了老朋友般親近。藉由閱讀，讓複雜的內心專注於當下，並與自己進行深層的對話。閱讀是療癒。閱讀的時間，輕撫著父母與孩子的心。

以最少花費，獲得最多效果的閱讀

有一陣子，我因為一位討厭我的同事而過得很難捱。他是和我在同個辦公室工作的老師，我曾從他那裡收過數次責難的訊息。眼看訊息裡充斥著生平第一次見到的詞彙，我真的陷入所謂「精神崩潰」的狀態。儘管相熟的老師不斷安慰我，心臟依然震驚得撲通、撲通跳個不停。

下班後，我坐在餐桌前，目光不自主地停在置於書架上的《被討厭的勇氣》（嫌われる勇気：自己啓発の源流「アドラー」の教え）。攤開書，翻了一頁又一頁後，我的心開始變得平靜。書中提及如何不將他人對自己的評論放在心上，以及即使他人討厭我也不感恐懼的心態等，導引我朝向自由人生的話語，產生很大的慰藉效果。對我而言，那位同事對我的評價再也不重要了。有時，一句話的慰藉比他人的安慰更貼近人心。

十多歲的孩子們敏銳易感，很容易放大對大人們過度情緒的感覺。即便多數會因為沒有表現出來而被忽視，卻往往在隨著時間經過後，才坦白說出當時自己有多難受的事實。由於相當敏感於他人如何看待自己，因此也會對向自己的好友誠實表達情緒感到卻步；更遑論對父母、老師開口了。暗自為了「萬一他們覺得我是奇怪的小孩怎麼辦？」、「為什麼我會這麼想？」、「其他人好像都沒事，為什麼我這麼容易受傷？」等想法，默默沮喪。

此時，療癒與修復心靈的最佳方法，正是閱讀。藉由書籍，可以檢討自己的思想與情緒；透過詩、小說、自我啟發、散文等多樣種類的書，可以認識作者與書中人物，並與其對話。讀著小心謹慎得與自己性格相似的主角，進而獲得慰藉；讀著毋須看別人臉色，隨心所欲行動的主角，進而讓自己感覺滿足。抑或是像我一樣，因為讀著書中的文句，進而獲得極大的撫慰。有時也會為了過去偉大的人物故事激動不已，激發立刻起身實踐某件事的強烈動機。

由英國薩塞克斯大學認知神經心理學的大衛．路易斯（David Lewis）博士帶領的研究團隊，進行了一項關於「人在承受壓力時所選擇的紓壓方法，實際究竟能發揮多少效果」的調查。調查結果顯示，聽音樂約有六十％、喝咖啡約有五十％、散步約有四十％的舒壓效果。令人驚訝的是，最具效果的方法是閱讀。只要閱讀五分鐘以上，便能減少近七十％的壓力，同時還能達到緩和心跳、鬆弛肌肉的效果。研究團隊表示，「進入作家呈現的假想空間，能帶人遠離現實的憂鬱，自然地消除壓力」。

不需要為了閱讀付出多大的犧牲，只要和孩子一起去趟鄰近的書店，挑本書閱讀就可以。閱讀時，能感覺情緒變得沉穩、平靜。若是讀到喜歡的書，也可以直接買回家。

閱讀時，我建議各位可以慢慢品味。試著引導孩子慢慢閱讀，並將感同身受的文字寫在筆記上。留些時間手抄文字，最好的方式固然是用筆直接寫下，不過使用鍵盤打字也無妨。抄寫文字的過程，能讓人更深刻理解光用雙眼閱讀時不明白的含意；偶爾也會在過程中得到更多領悟與省思。試著邊想著自己對這些文字感同身受的原因，邊提筆寫下。如此一來，可以更清楚自己此刻的內心狀態如何、究竟想要些什麼；並感覺自己究竟是想暫時休息或渴望獲得安慰、需要某人的幫助等。

在拿著三百多元（約一萬韓圜）就能享受到的快樂中，「書」絕對是最好的選擇。一本好書，值得讓人一讀再讀。有時重新拿出很久以前的書來讀，感覺猶如遇見了老朋友般親近。藉由閱讀，讓複雜的內心專注於當下，並與自己進行深層的對話。閱讀是療癒。閱讀的時間，輕撫著父母與孩子的心。

即使閱讀同本書，每個人感同身受的文字卻不盡相同。原因在於，閱讀如實投映著閱讀者的心。有時站在作者的立場釐清思緒，或是化身書中角色過過不同的生活；有時窺探自己的內心，並揣摩他人的心思。閱讀時，不要放過湧現的情緒與想法，試著花時間與孩子一起記錄、討論。孩子原本複雜的心緒，也會在不知不覺間變得穩定。

光是花十分鐘
閱讀，便已足夠

根據韓國國家統計局（KOSIS）公布的資料，二〇一七年每個韓國人的年平均閱讀量為九．五本、五十四．九%的人曾經閱讀、十位成人中有四位沒有讀過任何一本書。相較於二〇一五年的結果，減少了五．四%，是自一九九四年首次進行調查以來的最低紀錄。

青少年的情況也一樣。根據韓國職業能力開發院（KRIVET）刊載於二〇一八年發行的《KRIVET Issue Brief》第一五六號中的〈韓國高中生閱讀活動實際狀況分析〉，高中生每個月平均閱讀一．八一本書，全體高中生中的十五%左右從未在就學期間閱讀任何一本書。

閱讀是幫助孩子成長的最佳工具。透過書籍，讓孩子了解無法親身體驗的世界，以及嘗試生活在過去的時代。閱讀能茁壯思考能力，並藉著他人的觀點獲得思考的機會，進而擺脫自己原有的偏見與固執。此外，也能從學習他人的人生與人類的歷史中，體悟該以什麼樣的態度過生活。這正是世界各國都極為重視閱讀教育的原因。

每年一到四月二十三的「世界閱讀日」，英國便會派發代用券（Book Token）給孩子們，幫助他們養成購書的習慣；美國芝加哥市自二〇〇一年起，開始與圖書館一起舉辦閱讀活動；芬蘭則是建造了許多圖書館，陳列各種涉及專業領域的圖書等，提倡國民閱讀運動。在芬蘭成為閱讀率世界第一的結果出爐前，國家已是如此竭盡所能地給予協助。

韓國也曾實行過「晨間十分鐘閱讀運動」。在社團法人的「幸福晨間閱讀」網站首頁上，張貼了由參與此項活動的兒童所寫的閱讀心得，其中有位來自首爾木一國中的學生如此寫道：

「我不知道自己會有這麼大的改變。不僅原本對書的負擔感、尷尬感消失了很久，每天早上乘著前往書海的火車後，在盡情品嚐閱讀樂趣中下車。彷彿喝下魔藥般，發現了閱讀的祕密價值，並朝著這個方向持續前行（……）真的很感謝給了我這麼寶貴時間的老師。就算學校以後結束十分鐘閱讀活動，我也會繼續利用十分鐘閱讀的。因為晨間閱讀已經成為我的現在進行式了……」

「晨間十分鐘閱讀」，每天在學校開始正式上課前，教師與學生全體閱讀各自喜歡的書籍十分鐘即可。由於要求撰寫讀書心得或閱讀數量，會造成學生的另一種壓力，因此只要專注於閱讀十分鐘這件事即可。挑本自己喜歡的書，然後閱讀十分鐘，孩子們會開始理解閱讀的樂趣。透過書籍，孩子得以釐清自己究竟是什麼樣的人、希望過什麼樣的人生，隨著省察的過程，自然地成長。

在家裡也能實行一日十分鐘閱讀。可以是父母和小孩閱讀各自想讀的書十分鐘，也可以是一起讀同本書。閱讀這件事本身，已經足夠達到穩定情緒的效果。不妨以書的內容為中心，分享彼此的想法與情緒。其實，這也正是分享內心的過程。藉此，成為父母發現過去未知的孩子樣貌的契機。

試著思考「每天閱讀十分鐘後，變得有什麼不同？」其實我也是如此。小時候想要讀到書本的最後一頁，根本難如登天。隨著年齡漸增，才開始正式閱讀——從一日十分鐘做起。在下課時間或午餐時間，閱讀五分鐘、十分鐘。搭地鐵的日子，我會放本書在包包裡。當養成閱讀十分鐘的習慣到某種程度時，一天能讀上好幾次的十分鐘。

千萬不要因為一天只有十分鐘便予以無視。光是這麼做，一年就能閱讀超過二十本的書。當十分鐘變成習慣後，自然就會將時間增加至三十分鐘、一小時。漸漸在某個瞬間，才驚覺自己的思考能力變得擴張，想法也變得具創意。閱讀的過程，能穩定孩子內心對未來的憂慮與不安。如果可以每天閱讀並畫線筆記，這些書將成為孩子完成夢想的寶貴財產。試著與孩子一起閱讀，然後討論多樣的問題。藉由這些問題，找出人生的解答；藉由書籍，誕生新的人生篇章。

一日閱讀十分鐘的核心在於——哪怕一天二十四小時只花十分鐘專注閱讀，也足夠達成自己的夢想。為了夢想，任何人都有辦法做到一天專心閱讀十分鐘。再平凡的孩子，只要願意埋首閱讀，自然就能產生洞察力。從書中發現自己的情緒與夢想，並找到該如何過自己人生的道路。不再過著一天天苦撐著活下去，而是做著自己渴望的事，然後充滿熱情地生活。願意花十分鐘閱讀的孩子與不願意這麼做的孩子，其未來絕對有著天壤之別。現在就開始吧，只要讓孩子的一天空出十分鐘，每天讀讀他們喜歡的書就可以了。

憂鬱的想法襲來時，
再沒有比奔向書裡來得更有效的方法了。
書，足以揮散內心的烏雲。

——米歇爾・蒙田
（Michel de Montaigne）

人生在世，需要的不是知識，而是智慧

二〇一六年三月，Google的人工智慧AlphaGo與職業九段棋手李世乭進行了一場圍棋對決。在此之前，大家一直認為圍棋是人類佔絕對優勢的領域，但結果卻是AlphaGo以四比一獲勝收場。二〇一八年，韓國電信公司KT舉辦了「KT人工智慧小說公開徵文賽」。

人工智慧的水準像這樣一而再地超越你我想像一事，已經持續了很久。不僅能作出優雅古典音樂的曲子，甚至還會創作小說。活在這種時代的我們，需要的究竟是什麼樣的能力？讓我們在出自《塔木德》的著名故事中，尋找解答。

某座村莊發現了一名死去的孩子，有名少年也因此被認定為犯人。直到他入獄後，才知道自己其實是代罪羔羊，過程中甚至沒有給過他任何辯護的機會。少年與拉比＊見面，並請求協助。拉比直到最後都沒有放棄深陷絕望的少年，並且告訴他「只要努力，一定能找到方法」。

到了審判日，法官表示願意給被告人證明清白的機會，並說道：

「由於被告人有宗教信仰，所以我將這個問題交給神。這裡有兩張紙，一張寫著『無罪』，一張寫著『有罪』。請被告人從中選出一張，一切都取決於你的選擇。」

少年審慎思考著。因為，很明顯兩張紙上寫的都是「有罪」。於是，他拎起其中一張紙，一口吞了下去。原本聚精會神看著少年的所有人都顯得相當驚訝，眼前竟發生了完全出乎意料的情況。少年從容地說：

「與剩下那張紙上寫的相反，就是我的命運。」

少年救了自己一命。

＊譯註：Rabbi，猶太律法中對合格教師的稱呼，是宗教上的導師。

少年擁有以創意解決問題的力量。他在不合理的情況下，找到了活命的方法。這正是所謂的「智慧」，絕對不是能在字典或搜尋網路就能找到的解答，也不是透過教育、學習、訓練能學到的資訊或技術等知識。過去，學習知識相當重要，擁有多少多樣化知識，直接關係到生存問題；而現在，卻是需要智慧而非知識的時代。

哈佛大學、史丹佛大學等世界名校，皆在改變學校的教育課程。主要改由學生於課前透過影片與課程內容自主學習，然後再於上課時間針對實際例子進行討論與實習。跳脫既存的條列式授課，替學生製造能自主學習，並互助成長的環境。

韓國的大學也正在嘗試類似做法。數所學校引入以「問題」為中心的教育課程，針對相關主題進行討論。此外，也開始重視自主學習的價值，漸漸形成讓學生親自參與教育的風氣。

國、高中等公立教育體系的改變，同樣刻不容緩。二〇〇七年，未來學家艾文．托佛勒（Alvin Toffler）曾憂慮地表示韓國的教育正在朝著完全相反的方向前進。然而，經過十二年後的此刻，韓國的教育環境依然沒有太大的變化。

第一堂課時，我打開門走進教室。

「大家好，早安。」

「……」

「要不要一起打個招呼啊？大家早安。」

「（以微弱的聲音）老師早。」

幾乎不見任何精神奕奕地打招呼的學生。一過學期初（韓國第一學期於三月上旬開學），到了五月中旬左右，學生們的眼神就會開始變得渙散。韓國的文組高中生，大部分都得到了凌晨才能入睡。要不是得準備學習成果測驗，就是在補習班聽課、接受私人家教。為了學習未來不需要的知識、為了根本還不存在的職業，每天浪費超過十五個小時待在學校與補習班。

在未來的世界，單純的知識不再重要。學懂越多知識越有利的時代，已經過去了。不再是單憑學過一次的知識就能過一輩子的時代了，現在是需要「智慧」的時代。每分每秒都需要做出具分辨能力的選擇，與透過洞察力剖析一切的智慧。不需要可以從他人口中說出的制式答案，而是需要有辦法找出自己獨特答案的努力，以及體悟如何連結與統合既有知識的智慧。

我們的孩子十年後會是什麼模樣？正在讀大學？已經開始工作了？假如已經在工作了，是否會一直待在同間公司呢？當今邁入百歲時代，一個人一輩子極有可能會從事數種不同的職業。這是終生教育的時代。單向接收知識沒有什麼意義，必須培養自主學習的能力才行。

如果想要自主學習，最重要的正是內在力量。必須有珍惜自己人生的心態，以及將所學實踐於生活中的智慧；明確知道自己的能力與界限，清楚自己了解什麼、不了解什麼，並努力從記憶中萃取出自己學過的一切。直到具備能獨自深層思考的能力、藉由閱讀與體驗獲得多樣人生歷練、相信自己能堅持到最後的內在力量時，即代表擁有了智慧。

只懂讀書的人，贏不了閱讀的人

頭腦好的人，贏不了努力的人；努力的人，贏不了樂在其中的人。因為無論做什麼事，能在之中得到樂趣的人絕對是全心投入的。閱讀亦然。隨處都能坐下來不斷堅持著閱讀的話，最終自然能讀完許多書，理解能力與閱讀能力也會隨之提升。可是，既然要閱讀，與其強迫自己埋首，倒不如享受閱讀。誰也贏不了懂得享受閱讀，並將書中內容轉化成自己所有物的人。

怎麼做才能享受閱讀呢？究竟可不可能呢？對注意力不集中的孩子們來說尤其存疑。然而，只要曾體驗過閱讀樂趣的孩子都會懂——閱讀也能是種享受。

其實，由於閱讀越多書能讓大腦肌肉變得越發達，因此也會變得有辦法再閱讀更多的書。尤其是額葉會因為閱讀變得活化，進而推動思考能力大大成長。

某間小學的老師帶著六年級的學生們一起讀《論語》時，其中一位女學生卻表示「國文課本太簡單了」。對於平時習慣閱讀經典文學等高水準書籍的她而言，課本內容的難易度似乎偏低了。另一位原本髒話不離口的男學生則是在讀過《論語》後，從此決心不再說髒話。

坦白說，我小時候幾乎不閱讀。每天都在外面玩一整天的我，一回家總是忙著趕快洗澡、睡覺。完全無法理解那些能靜靜坐著閱讀的同學。

長大成人後，雖然自己因為學習輔導而開始接觸探討心理與人生的書，起初卻連專注閱讀五分鐘都很難。其他人都是怎麼閱讀這種悶到不行的書？每次見到書，我就頭痛。然而，由於當時的作業是得在閱讀後寫下適用於自己人生的文章，我不得不讀。一天五分鐘、十分鐘，我開始認真閱讀。遇到不懂的內容，便從頭再讀過。有時讀出聲音，有時邊讀邊抄筆記，慢慢消化眼前的知識。

就這樣，當我好好讀完一本書時，那種快樂完全無法言喻。體驗過彷彿征服一座高山般的成就感後，我一讀完一本書，便緊接著再讀第二本。終於，我開始理解小時候那些有辦法靜靜坐著閱讀的同學了。

閱讀時，我們往往能和主角融為一體。讀威廉．保羅．楊（Wm. Paul Young）的著作《小屋》（*The Shack*）時，明知道僅是本小說的我，過程中卻投入得差點以為自己的心臟要裂開了。感受主角失去女兒的心情，也讓我跟著痛得撕心裂肺；看著主角透過與其他角色對話解決內心問題的模樣時，每每令我熱淚盈眶。在這些過程中，同時讓我看見了自己的內在。埋藏於深處的創傷與悲痛，一一浮出水面。於是，我決定開始問自己：「對我來說，這些創傷與悲痛究竟有什麼意義？」我相信，閱讀能讓自己的內在變得越來越堅強。

因此，書不僅是將文字寫在紙上的彙集；書，是人生。藉由書，我們可以化身孩子，也可以化身中年人；可以活在中古世紀，也可以活在遙遠的未來。藉由書，我們能盡情想像與投入，然後讓心感受一切情緒，認識連自己都不曾知道的「我內在的我」，進而獲得成長。

韓國連鎖書店教保文庫前負責人金成龍先生，面對「書是什麼？」的問題時，給了這樣的回答：

「書是路，而均勻接受無數書所給予的養分，就是我們的人生。」

透過書，我們先一步感受現實，先一步體驗將來可能實際面對的對象。這條通往神祕、浩瀚宇宙的路，邁向內在世界的路，就在書中。

只要還有書，就代表仍有希望。不要因為想著為時已晚而躊躇，現在就和孩子一起去趟圖書館吧。數之不盡的書，正在等著與孩子相遇。

Chapter 5

邊動搖，邊綻放的花：孩子

稍微偏離正軌、稍微負面都無妨。這是正在相當健康地成長的信號。選擇不堆積情緒，勇敢表達的舉動很好；拆除自己舊有思想的房子，重新設計、建造新房子的模樣，很美。看見孩子反抗的樣子時，總令我感到安心。因為，這是他們開始擁有內在力量，並為自己發聲的證據。

稍微偏離正軌也無妨

當人際關係出現矛盾的情況時，有種能讓自己與對方都如願的「雙贏關係」。只要在掌握問題核心後，選擇對所有人都好的方案即可。在我向學生們解釋何謂雙贏關係時，當所有人正點著頭聆聽說明之際，有位學生突然舉起手：

「老師，雖然老師說得很對，可是在學校要怎麼建立雙贏關係？我覺得老師有點太理想主義了。」

瞬間，我的心情就像有人用槌子敲了我的後腦勺一樣。這位學生的話是有道理的，也可以充分理解他為什麼這麼想。對於要被校內成績排名分等，然後用這些成績考大學的學生來說，雙贏關係確實有些太理想化了。

「對，我們習慣的是有勝有敗的世界觀，那才比較現實。謝謝你勇敢說出自己的意見。」

我首先表達了感激。隨後，我與學生們透過對話探討有勝有敗的世界觀，究竟讓我們的內心變得多不安，並與他們一起找出雙方的共識。

當學生在當下即刻反駁我的話時，我起初確實有些驚慌。不過，我靜下心想了想：「願意說出這些話的學生，是個什麼樣的人？」他是即使面對權威也有勇氣說出自己想法的人，這麼做也正是他平常就有在思考的證據。再加上，他還擁有與自己意見相左的人對話並找出共識的智慧。儘管自己抱持的相反意見不是正確答案也無妨。因為在這段過程中成長的他，早已產生思考的力量與尊重他人的心。

青少年是孩子與成人間的過渡時期。是身體、情緒、道德、社會性活躍發展的時期。感性、敏感、深受周邊環境影響。尤其會因為對自我形象感到混亂，而易於出現情緒的不安定。既想擺脫父母的庇護，又尚未能好好履行成人權利與義務的時期，青少年時期往往很徬徨。原因在於，他們感覺自己想要的東西與現實脫節，且經常認為自己與周圍環境格格不入。青少年對成人感到抗拒。因為正在為自己的思想與價值觀尋找定位的他們，對成人的干預自然會感到不自在。

高中時期的我，總是說不出自己的想法。就像理應在白淨的圖畫紙上繪畫，卻連該畫什麼都不知道的第一筆般。明明一直告訴自己畫什麼都好，卻始終茫然得不知道該畫幅什麼樣的圖。不知道該用蠟筆或水彩？不知道該使用什麼材料？甚至連自己喜歡什麼顏色都不清楚。於是，我問了問身邊的人：

「我在想要不要用藍色畫圖，你覺得咧？」

「藍色很普通耶？你好像比較適合紅色。」

「是喔？可是，我真的適合紅色嗎？」

「為什麼要問我？你自己決定。」

就像這樣，明明是自己決定就好的事，卻還得徵求別人的同意。

唯有在得到他人的認可後，才可以開始從事某件事。恐懼著「我會不會做錯？」、「會不會拖累別人？」、「我會不會被責備？」……身心皆對周圍的刺激極度敏感，時刻意識他人的目光，導致內心一直處於不自在的狀態。

然而，根本完全沒有看他人臉色的必要，因為那些人既不能替我過我的人生，也不能為我的人生負責。我的人生，就該由我來活；我的作品，就該由我來畫。將原本朝著他人的視線，轉回自己身上。思考自己真正想畫的是什麼，選擇自己喜歡什麼感覺的材料。有時可以喜歡柔軟的蠟筆，有時可以喜歡線條清晰的簽字筆，有時也可以喜歡能被橡皮擦擦掉的鉛筆。

即使是孩子，也能選擇自己喜歡的材料，畫自己想要的畫。沒有必要去畫別人想要的畫。因為我的畫作價值，理應由我來決定。

有次，我和學生們聊到希望他們少說粗話，然後多說正面的話。忽然間，有位學生臉色突變，嗤之以鼻地嘀咕道：

「老師說的是沒錯啦，但我覺得很生氣，可以趕快上課嗎？」

「老師很好奇你對我說的話覺得生氣的原因。可以告訴我嗎？」

「媽媽在我國中的時候，一邊要我正面思考、說話，一邊又一直逼我讀書，我差點就要發瘋了。結果我根本沒變好，只有變得更差。」

「原來你有過那樣的經驗。謝謝你願意說出來。」

我的發言，讓他憶起過去不悅的經驗與情緒。雖然我當下感覺有些沒面子，但內心也立刻平靜了下來。實際上，這位學生不是在挑戰我的權威或抗拒我，而是在他的內心湧起了不適感，然後他選擇表達出來。如果能更尊重老師一些固然比較好，但我可以懂他為什麼這麼做。

經過一段時間後，我透過對話解開這位學生一直堆積在心底的情緒。儘管大可直接替他貼上「沒禮貌」、「叛逆」的標籤，但我卻不打算這麼做。只因我同樣因為童年的創傷，度過了相當煎熬的青少年時期。

高中一年級、二年級、三年級的模樣截然不同。有別於一年級時的認真上學，一到了二年級，不少孩子都會開始變得無精打采或負面。我擔任二年級導師的時期，與學生父母談話時，最常聽到的話是：

「老師，我們家孩子最近很奇怪。是不是在學校發生什麼問題了？前幾天我話都沒說完，他就碰一聲甩門回房間。以前明明是很乖的孩子啊……」

這絕對是會讓為人父母者抓狂、跳腳的情況。原本乖乖聽話的孩子，突然變得叛逆、頂嘴、緊閉心房。

我反而覺得這些樣貌是健康的。如果十多歲的孩子不反抗大人，僅是順從大人要求行動的話，問題反而比較大。孩子成長的自然模式，本該是從原先依賴父母的狀態，漸漸蛻變成獨立的成人才對。

孩子在成長過程中，會自然地培養出決策與負責的能力。過程中，父母或老師應該停止一切代替孩子解決問題的言語與行為，抱持一顆信任的心靜靜從旁觀察即可。讓孩子自行選擇與負責，努力以行動解決問題，並從中經歷挫折與失敗，然後靠自己體驗痛苦，重新起身。即使為人父母者會不忍心見到孩子承受痛苦的模樣，但唯有歷經這些過程，孩子才能長成有責任感的成人。

稍微偏離正軌、稍微負面都無妨。這是正在相當健康地成長的信號。選擇不堆積情緒，勇敢表達的舉動很好；拆除自己舊有思想的房子，重新設計、建造新房子的模樣，很美。看見孩子反抗的樣子時，總令我感到安心。因為，這是他們開始擁有內在力量，並為自己發聲的證據。

未來，從今天開始描繪就好

當今的年輕世代，因為拋棄了N種東西，而被稱為「N拋世代」。恰如過去因為拋棄戀愛、結婚、生育的「三拋世代」，以及加上拋棄房子與人際關係的「五拋世代」。除此之外，孩子們還拋棄了興趣、閒暇活動、夢想、希望、健康、外貌等。

根據調查結果顯示，最先被拋棄的是「戀愛」。他們往往透過收看像《Heart Signal》等綜藝節目，藉以滿足自己渴望戀愛的心。只因這麼做毋須花費談戀愛需要的金錢或情緒，便能輕鬆體驗戀愛的感覺。

或許我們的社會正在漸漸習慣這種情況也說不定。然而，隨著拋棄的東西越多，產生的壓力也越多。壓力，降低對生活的熱情、減少自信，甚至還開始切斷與外在世界的聯繫。

某天，C來找我。他表示自己打算放棄校內成績與平日測驗，準備從現在開始一心只準備大學入學考試，然後報考理想的大學。同時，卻也深深嘆了一口氣。我的心很痛。因為報考大學不是只看校內成績與平日測驗的成績，還必須積極參與學校的各種活動才行。要做的事很多，結果卻老是產生與努力不成正比的成果，那樣的心情該有多難受？感覺自己好像比其他同學落後，於是不安的心越來越強烈。儘管如此，我還是慶幸C沒有放棄夢想，而是決心透過正式考試報考大學。C的情況算是比較幸運的了，實際上活得猶如人生已經走到盡頭的學生人數，正在日漸增加中。

高中是煩惱最多也最難熬的時期。關於前途與大學入學考試的煩惱、關於人際關係的煩惱，最嚴重的則是課業帶來的壓迫感與壓力。向來很認真的學生G，某天仔細一看，才發現他的指甲全都被撕裂了。因為考試時失手錯了幾題，不安的心情加上自覺未能發揮實力的他，開始撕咬自己的指甲。此時，若是父母、老師予以責難或讓他感到丟臉的話，只會加劇焦慮的情緒，徒增孩子「我必須做得更好」的壓力與不安。說著要放棄自己夢想的G，露出了難受的笑容。

每學期的第一堂課，我都會問問學生們的夢想。孩子們往往如此答道：

「我想當醫生。」

「想成為警察。」

「希望可以成為公務員。」

「合氣道體育館的館長。」

所有人說的都是「職業」。於是，我對他們說：

「夢想說的不是職業，而是自己想過什麼樣的生活、決定朝什麼方向前進。老師的夢想是幫助內心受傷的人，然後和他們一起成長。為了幫助內心受傷的人並與他們一起成長，有人成為牧會者，有人成為社工，當然也有人像我一樣成為老師或輔導師。多樣的職業確實是實現夢想的方法，只要找到決定好適合自己的職業就可以了。我希望大家可以先思考一下：『夢想是什麼？』」

聽著我的話，學生們的眼神變得不同了。懂得思考自己夢想的人，可以大膽夢想、為了實現夢想變得努力，然後終其一生都能擁有夢想。

此刻正在閱讀本書的各位，知道子女的夢想是什麼嗎？清楚子女想成為什麼樣的人？過什麼樣的生活嗎？子女正在為了實現夢想做些什麼？繼續過著像現在一樣的生活，子女有辦法實現夢想嗎？又或者，有辦法過得與現在不同嗎？

各位的子女還在因為找不到夢想而煩惱嗎？如果是，試著用文字寫下煩惱的過程。有了煩惱的過程，才能找出真正渴望的夢想。此時需要注意的是，父母不要說出自己期望的職業。這麼做，只會讓子女瞬間失去尋找夢想的機會。在不知道自己想要過什麼人生的狀態下上大學、出社會的年輕世代，即使上了年紀，也很容易迷失方向、感覺徬徨。

有位討厭讀書的平凡大學生。某天，他下定決心創業。他想做的事業不為賺錢，而是為了那些沒錢好好過生活的人做些什麼。儘管連資本都沒有，他依然憑著「先試一次看看吧？」的念頭開始著手。他以全新的觀點檢視所有人都熟知的助聽器。原因在於，這明明是聽障人士、老年人等許多族群的必需物品，卻有著過於昂貴的價格。經過反覆研究，終於成功推出既能維持助聽器品質，又能降低成本的產品。

這個故事的主角，正是推廣平價助聽器普及化的韓國青年社會企業「Social Venture Delight」執行長金正賢。他沒有將焦點放在銷售者的立場，而是以「無論如何都要在持續生產助聽器的範圍內解決問題」的視角經營公司。懷抱著希望替更多人找回聽力的夢想，他成為了將努力創造成結果的社會企業家。

另一方面，美國也有位出身貧窮農夫之子的小孩。由於家境太過貧困導致無法好好接受教育的他，直到九歲都無法正確識字。因為不識字，他只能透過圖畫窺探這個世界。隨著與圖畫的溝通，他對藝術與畫作的興趣也日益增加。經過時光流轉，他開始懷抱對童話與幻想世界的夢想。他心想，「如果存在只有孩子能進入，可以讓孩子們盡情表達夢想與希望的世界，該有多好？」他，正是華特·迪士尼（Walt Disney）。懷抱夢想，然後朝著夢想的方向前進，最終實現夢想的具代表性例子。

世界首富比爾·蓋茲（Bill Gates）從十多歲開始，便想像著家家戶戶都能擁有一台電腦的景象，並大聲宣告將由他來創造這樣的世界。他的成功，始於十多歲時的夢想。這些故事，啟發我們事先具體描繪夢想的重要性。

在韓國，會讀書的學生享受著許多優待。從好的大學畢業，就能被認可為「能力出眾的人」。然而，沒必要因為成績差而放棄寶貴的夢想，也沒必要為了配合現在的成績，而縮減夢想的大小。因為，夢想不是現在的模樣，而是人生的方向。只要決定好目的地，即會在某個瞬間發現自己早已抵達。夢想也一樣，只要朝著夢想一點、一點地實踐，總有一天能實現。

今天，就是父母與孩子未來人生中最年輕的一天。只要從今天開始就可以了。試著從父母與孩子此刻置身的位置，決定希望的方向；試著拿出人生的羅盤，尋找北極星。只要跟著夢想的北極星前行，終會抵達目的地。速度慢一點也無妨。一旦方向錯誤，哪怕速度再快，還是得付出更多心力，繞更多的路。

不要嘲笑或無視、剝奪孩子寶貴的夢想。期待著十年後滿意笑著的父母，以及孩子的模樣，然後從今天開始夢想大大小小的夢想。行動吧！

孩子的潛力，唯有在孩子的視線高度才能看見

教室裡有三十多位學生。我提出第一個問題：

「大家認為什麼是『潛力』？」

「內在的未知力量。」

我提出第二個問題：

「大家有什麼潛力呢？」

氣氛瞬間結凍。大部分學生都僅是迴避我的眼神，露出猶豫的模樣，卻沒有任何人作答。學生們明顯知道潛力的存在，只是無法果斷回答出「自己擁有什麼潛力」。

我們的孩子，往往對「潛力」這個詞彙沒什麼實際的感覺。因為他們無論在家裡或學校，都幾乎沒有發現自己潛力的機會。我們的社會，重視的是肉眼看得見的東西。多數人都是在一犯錯就被訓斥，然後背負著羞恥感的環境成長。

如果想培養孩子的潛力，該怎麼做？藉由犯錯與失敗，給予他們學習的機會——切實感覺失敗帶來的挫折，足以使人成長。在經歷與克服失敗的過程中，內在會因而產生力量。大人們經常害怕孩子因為犯錯與失敗而難受，於是搶先一步剷除他們眼前的障礙物。這麼做，無疑是在剝奪孩子成長的機會。

對身為大人的你我來說，同樣需要力量。這裡說的力量，指的是從旁看著孩子跌倒後重新起身的力量。因為犯錯而羞愧時，因為失敗而絕望時，大人必須懂得以真心擁抱孩子，並給予同理心；必須為他們願意嘗試的勇氣，獻上掌聲。批評或判斷，只會讓孩子感覺羞恥、隱藏情緒。多告訴孩子「犯錯也沒關係」、「再試一次就好」、「你一定做得到」。如此一來，孩子就算跌倒了，也能產生重新起身的力量。

協助孩子藉由犯錯與失敗，發現其中值得學習的部分，讓他們因此懂得自我省察，並將過程得到的教訓深深刻在心上、長出不再犯同樣錯誤的智慧。唯有不再恐懼犯錯與失敗，孩子才能有勇氣挑戰一切。若懂得接受犯錯與失敗是理所當然的事、是學習的機會，孩子才有辦法更大膽地活在這個世界。

認知所有孩子的內在皆擁有潛力，不必為他們設定任何限制。無論是誰，只要反覆接受訓練與練習，都能有所變化、成長。因為相信自己做不到，才會真的做不到。我們必須意識到，自己正在被這樣的信念絆住前行的腳步。

這與潛意識，也就是無意識的關聯很深。舉例來說，試想一隻在動物園裡被粗繩綁住腳踝的大象，即使已有足夠的能力逃跑，大象也不會逃。因為從沒有力量的幼年時期，便已被粗繩綁住了腳踝，因為當時的大象再怎麼掙扎也逃不了，於是年幼的大象開始相信自己沒有逃跑的力量。這份堅信，讓長大的大象變得躊躇，甚至連逃跑的嘗試都做不到。

大人如此，孩子也是如此。從小經歷的挫折、失敗，讓我們體驗羞恥的感覺。這些經驗，形塑成你我的強烈信仰。「我做不到」、「這次又會變成笑柄」、「倒不如不要做」、「什麼也不做的話，至少還有個中間位置」、「我再怎麼做也排不上名次」、「比我做得好的人太多了」、「我一無是處」、「我個子又小，又沒力氣」、「我什麼都沒有」等諸如此類的無數粗繩，正綑綁著你我的腳踝。

然而，面對這些早已腐壞、變爛的粗繩，我只要跺一步就能立刻踩斷它。我擁有無限的可能性，擁有肉眼看不見的內在力量。犯錯也沒關係，只要重新起身就好；透過犯錯去學習，只要努力不再犯同樣的錯就好。不，再犯錯也沒關係，因為我已經有了可以重新起身的力量。內在力量正在茁壯成長。

肯定自我可能性的瞬間，即能發現那個就算跌倒也能再站起來的自己；意識自己有能力做得到一切的瞬間，眼神立刻變得充滿生氣。忽然間，有了願意嘗試的內在力量，生成了內在動機。

從小，每個人都曾體驗過大大小小的成功。試著從極小的事情開始找起。成功的經驗，是偉大的財產。舉例來說，我從很小就會一個人去銀行。因為父母很忙，所以我自幼兒園開始便是如此。後來每當身上有零錢的時候，就會自然地為了儲蓄而養成把銅板省下來的習慣。透過這樣的經驗，我感受到了滿足。

孩子早已擁有無數的成功經驗。第一次嘗試某件事時的成功經驗，確實令人無比興奮。彷彿尋覓隱藏的寶藏般，找一找自己內在的潛力。先從已經存在的優點開始找起，然後漸漸產生「或許我也能把這件事做好」的想法。只要把這個想法變成現實就可以了。找出自己在過程中做過什麼嘗試，接著擬定具體的實行計畫，最後試著實踐。在這些過程中，絕對會有所成長與改變。

「潛力」在字典裡的意思，指的是「不顯露在外，藏於內在的力量」。每個人都擁有無限的可能性。如同輔導的哲學「每個人需要的解答，往往就藏於當事人內在」般，我們必須將對對方的相信與確信轉變成內心的能量。當這股能量越強烈，實踐的力量也會變得越強大。每個人都有潛力，只是因為選擇了聚焦在現在的狀態，才未能察覺這股潛力罷了。

被封為「當代真正醫者」的李國鍾醫師，在他與眾不同的步調中，蘊藏了專屬於他的信念。

他的爸爸是曾在韓戰負傷的功勳者。小時候，只要爸爸或自己不舒服去醫院時，就會拿出「國家有功者」*的醫療福祉卡。這些時候，護理師們的反應都很冷淡，而那些冰冷的眼神，每每讓身為兒子的李國鍾感覺羞恥。

後來，他遇見了一位醫師。那位醫師見到當時仍是孩子的李國鍾拿著的醫療福祉卡，反而表示他有位令人驕傲的父親，並期許他好好讀書，將來成為優秀的人。滿滿的真心，鼓舞了他。

一句溫暖、真心的話，喚醒了他的潛力。在家境貧寒的小男孩身上，種下成為「優秀人才的可能性」的種子。聽完那位醫師一番話的李國鍾奮發讀書，結果令他成為廣受全韓國國民敬重的醫師。現在的李國鍾醫師，過著用心扶持弱者的人生。

現在試著向孩子提出下列的問題：

*韓國政府設有國家報勳處的單位，主要業務是就有關愛國者及退役軍人相關的政策立案及實施，以表揚國民的愛國心及對為國家作出貢獻者的表揚，並對為國犧牲者的遺族提供補償金、教育、就業、醫療等補償。（資料來源：維基百科）

「你認為的『潛力』是什麼？」

「你的內在存在什麼樣的潛力？」

「你最喜歡的事是什麼？」

「你最擅長的事是什麼？」

「到現在為止，你完成過什麼小小的成功呢？」

現在起，也讓我們積極地發現潛力吧。發現孩子的潛力後，可不能就此靜靜等待偶然成長的機會，必須透過閱讀、運動等多樣活動，有意識地把握成長的機會，努力養成各種好習慣，並鍥而不捨地持續到底、一直堅持下去。

最重要的是，配合孩子的視線高度。唯有在孩子的視線高度，才看得見孩子的潛力所在。

孩子需要的夢想實踐法則

Y世代與Z世代，是現在韓國最火熱的話題之一。尤其是現在十多歲，屬於Z世代，出生於一九九〇年代至二〇〇〇年代中期的他們，是從小就熟悉電子產品與網路的世代。擁有對改變與流行的敏銳度，以及積極使用社群軟體的傾向。

Z世代的青少年文化，正在撼動許多人的心。最具代表性的是韓國電視頻道Mnet的綜藝節目《高等Rapper》。節目中深受矚目的主角們，呈現出不同於既有饒舌歌手的面貌。他們不會只是模仿既有饒舌歌手的歌唱方式，或以華麗的外貌去挑戰嘻哈音樂，反而透過蘊含自己獨有想法與哲學的風格，譜出嶄新的饒舌歌曲。

像是十多歲孩子使用的暗語，又名「給食體」的說話方式，也不是單純的玩笑話，而是整個世代都明白的流行語。許多追求流行的企業或團體也都相當重視給食體，並用來當作宣傳手法。

10+世代的影響力不容小覷。連行銷、廣告也都會特別鎖定這個族群。因為不論經濟多不景氣，他們的消費活動依然相當旺盛。相較於實用性，概念與價值更為重要。前往電影院時，也常見到取材自學校生活、網路漫畫、恐怖刺激主題的電影。正是因為考量到日漸長大的十多歲觀眾的影響力，才瞄準了利基市場。

韓國的混血模特兒韓炫旻被《時代雜誌》（*TIME*）票選為「二〇一七年最具影響力的10+世代」。他與好萊塢的星二代、著名運動員並肩出線。父親是奈及利亞人、母親是韓國人的韓炫旻，是韓國首位黑人模特兒。他因偶然上傳到社群網站的照片被星探挖掘，並成功出道後，僅花了一年左右的時間便躍身成為模特兒界的明星。儘管他也曾有過飽受種族歧視的煎熬時期，他卻始終懷抱夢想，進而實現夢想。

既然如此，成功人士們的童年時期都在想些什麼？「實現夢想的定律」，是他們的共通點。

第一，寫成文字。將自己想要的東西，具體地寫下來。一九五三年，曾以美國耶魯大學畢業生為調查對象，提出一道問題：

「是否曾以文字寫下人生的具體目標與計畫？」

在這群畢業生中，僅有三％的人表示自己曾以文字具體寫下人生的目標與計畫；剩下的九十七％則表示只有想法，或是目前處在沒有目標的狀態。二十年後，再次以當時的學生中，仍存活在世的人為調查對象，分析各自的經濟富裕度。畢業在即時擁有具體目標的三％，其財富較剩下的九十七％加起來還要來得更多。

第二，形象化呈現。美國高爾夫球球王老虎·伍茲（Tiger Woods）在十多歲時，便在自己的房間貼上當時的高爾夫球球王傑克·尼克勞斯（Jack Nicklaus）的照片與紅色法拉利的照片。他將渴望成為世界級的高爾夫球選手後，可以開著自己愛車的夢想，轉印成實際的形象。而他，最終實現了夢想。

第三，積極地在他人面前表達自己的夢想。日本某汽車企業的創辦人本田宗一郎，每次遇到人時，總會如此說道：

「我們將成為製造世界第一汽車的公司。」

他的話，同樣也變成了現實。

第四，造訪實現夢想的場所。史蒂芬·史匹柏（Steven Spielberg）導演在做好「電影導演」的名片後，突發奇想地去了趟環球影城。結果，他在那裡獲得了以導演身分出道的機會。為了實現夢想，需要親身去衝撞，並付出努力接近夢想的舞台。儘管當下看起來有些魯莽，哪怕失敗了，也能以這些過程換來成功。

第五，經常接觸與自己夢想相關的影片或成功人士們的影片。據說，世界頂級的運動選手會常觀看當代最厲害的體育競賽片段。因為看著優秀選手們影片的行為，將會對實戰有所助益。

正在夢想的十多歲孩子，擁有改變世界的力量。因此，嘗試參考實現夢想的定律，然後隨身攜帶寫有自己具體目標的紙條；讓孩子隨時能拿出紙條讀一讀，記在心上。準備好實際的照片與形象，貼在讓孩子能時刻見到的顯眼處；每次見到時，心情都會變得好些，同時也激發出內在能量。和孩子一起造訪與未來夢想相關的場所；透過親臨現場的經驗，讓他們能再更靠近夢想一步。經常接觸人生導師們的影片，將增加孩子自信成為同類人的可能性。讓孩子不要安於現狀，大膽成為夢想的10＋世代。夢想的瞬間，已是改變的開始。

為此刻已經足夠美好的我們加油

是否聽過α媽（alpha mom）、β媽（beta mom）、虎媽（tiger mom）、斯堪地媽（scandi mom）、足球媽（soccer mom）、直升機媽（helicopter mom）等名詞呢？

α媽，是披著熱情與蒐集情報能力戰甲的媽媽。崇尚發掘孩子才能，並以卓越的蒐集情報能力為基礎，有系統地教養孩子。即使按照媽媽的設計前行的子女成功率偏高，卻也容易變成過度依賴的孩子，或因為負荷過重的心理壓力，出現性格扭曲的情況。β媽，將子女本身希望的生活視為第一順位。認為媽媽扮演的角色是建言者、協助者。以「信任」建立媽媽與子女間的關係。雖然可以教養出具領導能力的孩子，卻也可能因為太早給予過多的自由，而無法做出正確判斷。虎媽，像老虎一樣嚴格指導子女的媽媽。斯堪地媽，注重情感交流，並給予孩子自由的媽媽。足球媽、直升機媽，指的則是熱衷於子女教育，有時卻也對子女過度保護的媽媽。

像這樣，還有不少以子女教養方式形容媽媽的詞彙。

如何教養孩子才是正確答案？每次推出教養指南時，都得讀一遍？費心費力只為遵循育兒專家提供的方法？許多人在成為父母的瞬間，便強烈地感受不安、恐懼、憂慮的情緒。於是，開始努力尋找明確的養育方法。越是如此，越容易經歷一次次嘗試的失敗與挫折。

父母教養子女的期間，會不斷地面對各種不確定的情況。感到不確定的原因在於——父母本身是在內心沒有確信的狀態下教養子女。其實，哪裡都找不到所謂「完美教養」；也沒有誰可以鐵口保證「這樣做子女就會成功」。我沒辦法告訴大家前文介紹的各種教養方式中，選擇哪種會比較好；也不會因為父母具備越多教養知識，子女就一定能好好成長。

只是，我們可以用相對簡單的方法預測出子女會以什麼樣的模樣過往後的生活——看看你我本身的模樣。觀察一下我們是什麼樣的人、用什麼樣的方式活在這個世界後，便能預測子女未來的樣子。

試著回答下列的問題：

「如果孩子長大後變成我現在的樣子，怎麼樣？」

假如答案是肯定的，代表各位正在好好扮演著父母的角色；相反，假如答案是「絕對不行」，那麼各位在煩惱成為什麼樣的父母前，必須先認真思考自己究竟該成為什麼樣的人。

雖然有時你我的思考、情緒、行為是天生的，有時卻也會受環境影響。每個人與生俱來的性情固然不同，但對自尊感與歸屬感影響最大的要素，終究取決於童年時期的經驗。如果在與父母的關係中，接受到的是「我是不夠好的人」，便很難願意接受挑戰，進而取得成就。因為在你我置身的社會，往往只會對此大肆地責備、壓抑、辱罵。

假設孩子在家庭中只有在滿足「如果你能～」的前提下，才能得到肯定與稱讚的話，他們將很難認知自己是有價值的存在。因為他們會變得開始認為「如果我能～，我才是有價值的存在」。

「如果我能解完全部的習題，我才是有價值的存在。」

「如果我能考第一名，我才是有價值的存在。」

諸如此類的想法充斥著孩子腦海。即使孩子會花一輩子時間拚命滿足這項前提，卻永遠也找不到所謂的「完美」。

然而，如果孩子可以長成這樣的人又如何呢？帶著高自尊感在這個世界生活的人、肯定自己優點與缺點的人、懂得同理自己與他人情緒的人、努力與堅忍的人、對自己所屬的團體有歸屬感的人、接納自己與他人犯錯的人、有勇氣挑戰時刻變化的世界並從中取得成就的人、帶著復原能力戰勝失敗與挫折的人……假如我們的子女是這種模樣，想必內心會相當滿足與興奮。

雖然前文已經提過，但還是再次強調——父母沒辦法給孩子自己根本沒有的東西。父母必須向孩子呈現自己成長與改變的模樣，必須勇敢、坦然地向孩子表現自己同樣是帶著缺點成長的存在；讓孩子看看自己即使不夠完美，卻仍願意鼓起勇氣挑戰的樣子；身體力行地向孩子展現，今天的自己比昨天的自己又多成長了些的重要性。

當父母為了成為完美的存在，為了實現完美的教養，而戴上面具的瞬間，便已經傷害了子女的心。完全沒有必要這麼做。只要透過日常生活，和子女一起學習、成長就好。不需要硬是隱藏缺點——完美主義，只會再換來另一種完美主義。

我們的子女都擁有足夠被愛的資格。孩子在體驗父母如何對待自身的過程，學會所謂的愛。因此，父母必須先同理自己，並接受自己的缺點。從在家裡開始，練習如何變得勇敢。勇敢，是在展露缺點的同時，依然願意挑戰的內在力量。父母必須先向孩子展現自己犯錯時負責的模樣、需要時請求幫助的模樣、用言語表達自己心情的模樣。為人父母者應該努力活成這些模樣。

當父母變得自由了，子女才會獲得活得自由的力量。不需要掩蓋痛苦與悲傷，而是一起去感受；然後一起感覺並表現喜悅與快樂。沒有人需要完美，只要以自己真實的模樣生活就好。

此刻你我的原有樣貌，便已經足夠美好。

「還沒」，是個充滿希望的詞彙。原因在於，其中蘊藏著「儘管現在達不到標準，但總有一天能做到」的含意。

試著在孩子現在的模樣裡，再加點「還沒」——「只是還沒早起」、「只是還沒專心」吧！

現在的模樣，
不是孩子人生最終的模樣。
孩子，依然是「現在進行式」；

而父母，
同樣是「現在進行式」。

國家圖書館出版品預行編目資料

我的孩子，不需要迎合世界的標準：改變父母的視線高度，建立正向親子關係，啟動青春期孩子無限潛能 / 尹珠善著 ; 王品涵譯 . -- 初版 . -- 臺北市：日月文化 , 2020.10
288 面 ; 14.7*21 公分 . --（高 EQ 父母 ; 82）
譯自：엄마의 눈높이 연습
ISBN 978-986-248-916-1（平裝）
1. 親職教育 2. 情緒管理
528.2　　109007459

高 EQ 父母 82

我的孩子，不需要迎合世界的標準

改變父母的視線高度，建立正向親子關係，啟動青春期孩子無限潛能

엄마의 눈높이 연습

作　　者：尹珠善
譯　　者：王品涵
主　　編：俞聖柔
校　　對：俞聖柔、張召儀
封面設計：兒日設計
美術設計：LittleWork 編輯設計室

發 行 人：洪祺祥
副總經理：洪偉傑
副總編輯：謝美玲
法律顧問：建大法律事務所
財務顧問：高威會計師事務所
出　　版：日月文化出版股份有限公司
製　　作：大好書屋
地　　址：台北市信義路三段 151 號 8 樓
電　　話：(02)2708-5509　傳　　真：(02)2708-6157
客服信箱：service@heliopolis.com.tw
網　　址：www.heliopolis.com.tw
郵撥帳號：19716071 日月文化出版股份有限公司

總 經 銷：聯合發行股份有限公司
電　　話：(02)2917-8022　傳　　真：(02)2915-7212
印　　刷：禾耕彩色印刷事業有限公司
初　　版：2020 年 10 月
定　　價：350 元
I S B N：978-986-248-916-1

生命，
因家庭而大好！

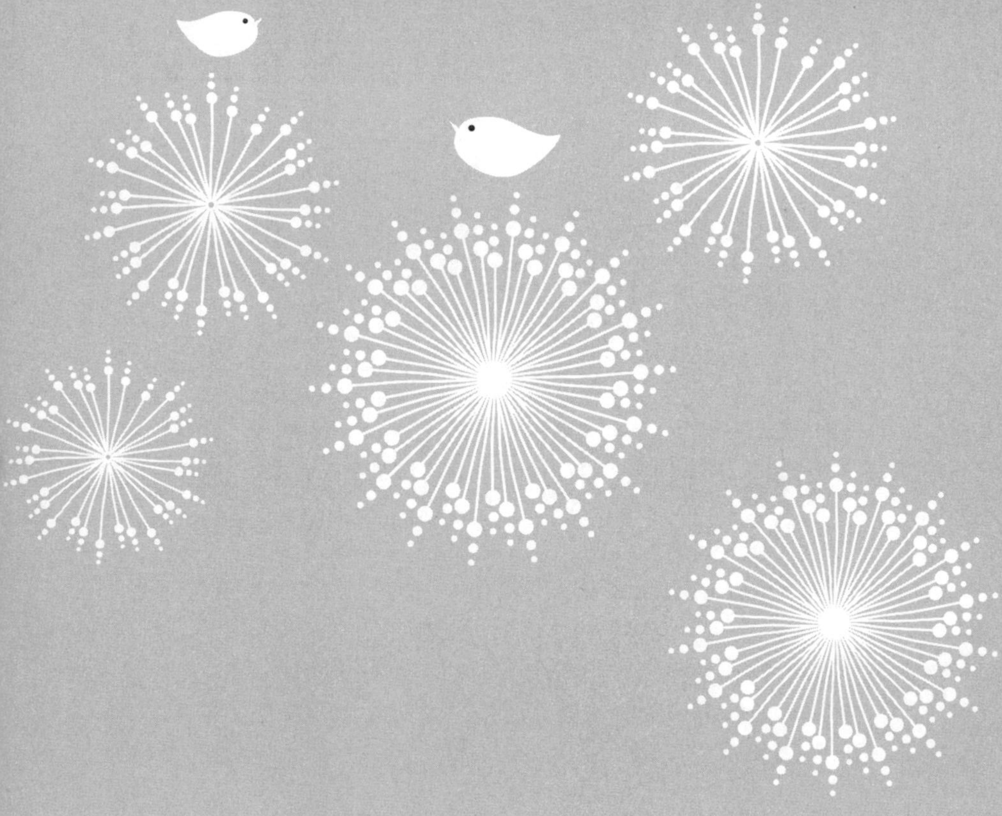